JN094146

EXAMPRESS®

建築物環境衛生管理技術者試験学習書

出るとこだけ！

建築土木
教科書

ビル
管理士

第2版

建築物環境衛生管理技術者試験

著 石原鉄郎

SE
SHOEISHA

本書内容に関するお問い合わせについて

このたびは翔泳社の書籍をお買い上げいただき、誠にありがとうございます。弊社では、読者の皆様からのお問い合わせに適切に対応させていただくため、以下のガイドラインへのご協力をお願い致しております。下記項目をお読みいただき、手順に従ってお問い合わせください。

●ご質問される前に

弊社Webサイトの「正誤表」をご参照ください。これまでに判明した正誤や追加情報を掲載しています。

正誤表　https://www.shoeisha.co.jp/book/errata/

●ご質問方法

弊社Webサイトの「刊行物Q&A」をご利用ください。

刊行物Q&A　https://www.shoeisha.co.jp/book/qa/

インターネットをご利用でない場合は、FAXまたは郵便にて、下記"翔泳社 愛読者サービスセンター"までお問い合わせください。
電話でのご質問は、お受けしておりません。

●回答について

回答は、ご質問いただいた手段によってご返事申し上げます。ご質問の内容によっては、回答に数日ないしはそれ以上の期間を要する場合があります。

●ご質問に際してのご注意

本書の対象を越えるもの、記述箇所を特定されないもの、また読者固有の環境に起因するご質問等にはお答えできませんので、予めご了承ください。

●郵便物送付先およびFAX 番号

送付先住所　〒160-0006　東京都新宿区舟町5
FAX 番号　　03-5362-3818
宛先　　　　（株）翔泳社 愛読者サービスセンター

はじめに

　ビル管理士（正式名称「建築物環境衛生管理技術者」）は、ビル管理法（正式名称「建築物における衛生的環境の確保に関する法律」）に基づく国家資格で、一定規模以上の建築物に選任義務があります。

　資格の取得方法は、国家試験による方法と講習による方法があり、このうち国家試験は毎年1回、実施されます。試験科目は、建築物衛生行政概論、建築物の環境衛生、空気環境の調整、建築物の構造概論、給水及び排水の管理、清掃、ねずみ・昆虫等の防除の7科目で、広範囲な分野から出題されています。

　限られた時間の中で記憶・理解できることには限界があります。広範囲な分野から出題される本試験の出題分野を、すべて完璧に網羅しようとすることは得策ではありません。

　そこで本書は、試験で問われる要点をまとめることに努めました。要点をコンパクトな一冊にまとめることで、通勤・通学時間や休憩時間などの空き時間に、効率的に学習することができるようにしています。

- **頻出項目の出題内容が把握できる**
  広範な出題分野から、合格のために必ず覚えておきたい、頻出しているテーマに絞って解説しています。
- **要点整理でキーワードを確認できる**
  試験でよく問われる専門用語や特徴、用途、数値などのキーワードを効率よく学習できるように構成しています。
- **関連問題で理解度を確認できる**
  テーマごとに、過去に出題された問題を取り上げています。問題を解くことで理解度をチェックできます。

　第2版の改訂にあたっては、既刊の内容を見直し、より効果的に学べるよう、執筆しました。

　ビル管理士試験に合格するための入門書として、問題集のサブテキストとして、そして、試験直前の総まとめとして、本書をご活用ください。

　皆さんが、合格の栄冠を手にされることを願っています。

2020年4月

石原鉄郎

試験について

　ビル管理士試験は、正式名称を建築物環境衛生管理技術者試験といいます。特定建築物の環境衛生の維持管理に関する監督等を行う国家資格で、この試験に合格すると「建築物環境衛生管理技術者」を称することができます。

　ビル管理士は、ビル管理法に基づき、デパートやビル、映画館、学校といった大勢の人が利用する特定建築物で延べ面積 3000平方メートル以上（学校については 8000 平方メートル以上）の環境衛生上の維持管理に関する業務を監督します。これら特定建築物においては、ビル管理士の選任が義務付けられています。

●試験の概要

受験資格	指定の用途に供される建築物の当該用途部分において環境衛生上の維持管理に関する実務に、業として 2 年以上従事した人
試験申込期間	5 月上旬～6 月中旬
受験票送付	9 月上旬
試験日	10 月第 1 日曜日
合格発表	11 月上旬
受験料	13,900 円（消費税は非課税）
受験地	札幌市、仙台市、東京都、愛知県、大阪市 及び 福岡市
試験科目と試験時間	午前（試験時間 3 時間）　1.　建築物衛生行政概論　2.　建築物の環境衛生　3.　空気環境の調整 午後（試験時間 3 時間）　4.　建築物の構造概論　5.　給水及び排水の管理　6.　清掃　7.　ねずみ、昆虫等の防除
問題数と出題形式	180 問、すべて 5 肢択一（筆記試験のみで実技試験はなし）

合格基準	科目毎の得点が各科目の合格基準点 (各科目の満点数 40%) 以上であって、かつ、全科目の得点が全科目の合格基準点 (通常全科目の満点数の 65%) 以上

●各科目の問題数と合格基準点

科目	問題数 (満点数)	合格基準点	問題番号
1. 建築物衛生行政概論	20	8 (40%)	問題 1 ～ 20
2. 建築物の環境衛生	25	10 (40%)	問題 21 ～ 45
3. 空気環境の調整	45	18 (40%)	問題 46 ～ 90
4. 建築物の構造概論	15	6 (40%)	問題 91 ～ 105
5. 給水及び排水の管理	35	14 (40%)	問題 106 ～ 140
6. 清掃	25	10 (40%)	問題 141 ～ 165
7. ねずみ、昆虫等の防除	15	6 (40%)	問題 166 ～ 180
	180	117 (65%)	

●問合せ先

　以上の情報は、本書刊行時点のものです。変更される可能性もあるので、下記の試験運営団体に最新情報を確認するようにしてください。

公益財団法人
日本建築衛生管理教育センター

　https://www.jahmec.or.jp/kokka/
　TEL：03-3214-4620

目 次

試験について ……………………………………………………………… iv
本書の使い方 …………………………………………………………… xii

第 1 章　建築物衛生行政概論 ……………………… **1**

1　日本国憲法と WHO 憲章 ………………………………………… 2
2　関連法規と行政組織 ……………………………………………… 3
3　建築物における衛生的環境の確保に関する法律 …………… 4
4　特定建築物 ………………………………………………………… 5
5　建築物環境衛生管理技術者免状 ……………………………… 7
6　特定建築物の届出 ………………………………………………… 8
7　帳簿 ………………………………………………………………… 9
8　空気環境基準 ……………………………………………………… 11
9　給水・給湯管理基準 …………………………………………… 13
10　建築物環境衛生管理基準に基づく実施項目 ……………… 15
11　建築物環境衛生管理技術者 …………………………………… 17
12　建築物における衛生的環境の確保に関する事業の登録 … 19
13　立入検査・改善命令・罰則 …………………………………… 21
14　特例 ………………………………………………………………… 22
15　地域保健法・学校保健安全法 ………………………………… 23
16　生活衛生関係営業法 …………………………………………… 24
17　水道法・下水道法・浄化槽法 ………………………………… 25
18　環境基本法等 …………………………………………………… 27
19　感染症法・健康増進法・建築基準法 ………………………… 29
20　労働安全衛生法関係 …………………………………………… 30

第 2 章　建築物の環境衛生 ……………………… **31**

21　人体 ………………………………………………………………… 32
22　熱環境 ……………………………………………………………… 34
23　アレルギー・シックビル ……………………………………… 36
24　アスベスト・結核・過敏性肺炎 ……………………………… 37
25　たばこ ……………………………………………………………… 38
26　酸素 ………………………………………………………………… 39

27 二酸化炭素 ………………………………… 40

28 一酸化炭素 ………………………………… 41

29 オゾン ……………………………………… 42

30 二酸化硫黄 ………………………………… 43

31 音・騒音 …………………………………… 44

32 振動 ………………………………………… 45

33 光環境と視覚 ……………………………… 46

34 照度基準・VDT作業・LED ……………… 47

35 色彩 ………………………………………… 48

36 電磁波 ……………………………………… 49

37 電離放射線 ………………………………… 50

38 人体と水 …………………………………… 51

39 水質基準・水質汚濁環境基準 …………… 52

40 水系感染症 ………………………………… 53

41 病原体と感染症 …………………………… 54

42 レジオネラ症 ……………………………… 55

43 感染症対策・感染症の分類 ……………… 56

44 薬液消毒剤 ………………………………… 58

45 溶液計算 …………………………………… 59

第3章　空気環境の調整 ——— **61**

46 空気環境の用語と単位 …………………… 62

47 熱移動 ……………………………………… 63

48 熱流と温度分布 …………………………… 64

49 熱放射 ……………………………………… 66

50 気流 ………………………………………… 67

51 流体 ………………………………………… 68

52 湿り空気 …………………………………… 69

53 空気線図 …………………………………… 70

54 結露・湿気 ………………………………… 73

55 換気 ………………………………………… 74

56 濃度計算 …………………………………… 76

57 エアロゾル ………………………………… 77

58 空気汚染物質 ……………………………… 79

59 アレルゲンと微生物 ……………………… 80

60 揮発性有機化合物 ………………………… 81

61 空気調和換気 ……………………………… 82

62	熱負荷	83
63	空調方式	85
64	個別空調方式	87
65	冷熱源	88
66	温熱源	90
67	地域冷暖房・蓄熱槽	91
68	冷却塔	92
69	空気調和機	93
70	加湿装置	94
71	熱交換器	95
72	全熱交換器	96
73	換気設備	97
74	送風機	98
75	ダクト	100
76	吹出口・吸込口	101
77	空気浄化装置	102
78	ポンプ	104
79	配管	105
80	温熱環境の測定	107
81	空気環境物質の測定法	108
82	風量・換気量の測定	109
83	汚染物質濃度の単位	110
84	粉じんの測定	111
85	試運転調整・維持管理・節電	112
86	光環境と照明	113
87	照度計算	116
88	音・振動	118
89	音圧レベル	120
90	自動制御	123

第 4 章　建築物の構造概論　125

91	建築物の用語と単位	126
92	日射	128
93	計画・設計・生産	129
94	設計図書・表示記号	131
95	基礎・構造・地盤	133
96	構造力学	135

97	熱性能	136
98	建築材料	137
99	輸送機器・電気設備	138
100	ガス設備	139
101	消防設備	141
102	防災	142
103	建築関係法令	143
104	鉄筋コンクリート	145
105	鉄骨	146

第5章 給水及び排水の管理 —— **147**

106	給排水の用語と単位	148
107	水道水の塩素消毒	150
108	水道法・水質基準	151
109	水道施設	152
110	給水方式	153
111	給水設備	155
112	給水設備機器	157
113	給水配管	159
114	給水設備の汚染防止	160
115	貯水槽の清掃	161
116	給水設備の管理	162
117	給湯設備	163
118	給湯加熱装置	164
119	給湯配管・循環ポンプ	165
120	給湯設備の管理	166
121	給湯循環配管の計算	168
122	雑用水設備	169
123	排水再利用施設	171
124	排水トラップ	172
125	排水設備	174
126	通気設備	176
127	排水通気設備の管理	178
128	衛生器具設備	180
129	大便器と小便器	181
130	阻集器	182
131	厨房排水除害施設	183

132 排水槽・排水ポンプ ―――――― 184
133 雨水排水設備 ―――――――――― 185
134 排水の水質 ――――――――――― 186
135 浄化槽・浄化槽法 ―――――――― 187
136 浄化槽の管理 ―――――――――― 189
137 浄化槽の計算（BOD）――――――― 190
138 浄化槽の計算（汚泥）―――――― 191
139 下水道 ――――――――――――― 192
140 消火設備 ――――――――――――― 193

第6章　清掃 ――――――――――――― **195**

141 管理基準 ――――――――――――― 196
142 作業計画 ――――――――――――― 198
143 日常清掃と定期清掃 ―――――― 199
144 品質評価・ビルクリーニング5原則 ――――― 200
145 予防清掃 ――――――――――――― 201
146 ほこりや汚れの除去 ―――――― 202
147 建材・床材 ――――――――――― 204
148 洗剤 ―――――――――――――― 205
149 床維持剤 ――――――――――――― 206
150 剥離剤 ―――――――――――――― 207
151 床みがき機・カーペット清掃機材 ――――― 208
152 真空掃除機 ――――――――――― 210
153 ドライメンテナンス法 ―――――― 211
154 カーペット床清掃 ―――――――― 212
155 外装・窓ガラス清掃 ―――――― 213
156 その他の清掃作業 ―――――――― 215
157 廃棄物統計 ――――――――――― 217
158 廃棄物の特徴・用語 ―――――― 218
159 廃棄物処理法 ―――――――――― 219
160 産業廃棄物管理票（マニフェスト）――――― 221
161 関連法規 ――――――――――――― 223
162 廃棄物計算 ――――――――――― 224
163 収集・運搬 ――――――――――― 226
164 中間処理・保管 ―――――――― 227
165 貯留・搬出 ――――――――――― 228

第 7 章 ねずみ、昆虫等の防除 **229**

166	蚊	230
167	ゴキブリ	231
168	ダニ	233
169	害虫	234
170	ネズミ	235
171	害虫の発生場所	236
172	健康被害	237
173	殺虫剤	238
174	殺鼠剤	240
175	薬剤	241
176	殺虫剤・殺鼠剤の毒性	242
177	殺虫剤・殺鼠剤の安全性	243
178	調査・作業管理	244
179	防除	246
180	IPM	248

索引 249

本書の使い方

●出るのはここ！
出題のポイントとなる要素を、覚えやすい形にまとめています。

●節番号・見出し
試験によく出るテーマを選んで構成しています。

●日付記入欄
学習日をメモできます。

●章タイトル
各章は、ビル管理士試験の7つの課目に対応しています。

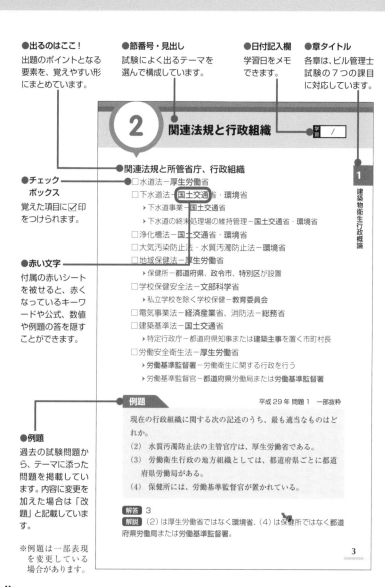

●チェックボックス
覚えた項目に☑印をつけられます。

●赤い文字
付属の赤いシートを被せると、赤くなっているキーワードや公式、数値や例題の答を隠すことができます。

●例題
過去の試験問題から、テーマに添った問題を掲載しています。内容に変更を加えた場合は「改題」と記載しています。

※例題は一部表現を変更している場合があります。

（紙面中央の図の内容）

2 関連法規と行政組織

学習 /

1
建築物衛生行政概論

●関連法規と所管省庁、行政組織
□水道法－厚生労働省
□下水道法－国土交通省・環境省
　▶下水道事業－国土交通省
　▶下水道の終末処理場の維持管理－国土交通省・環境省
□浄化槽法－国土交通省・環境省
□大気汚染防止法・水質汚濁防止法－環境省
□地域保健法－厚生労働省
　▶保健所－都道府県、政令市、特別区が設置
□学校保健安全法－文部科学省
　▶私立学校を除く学校保健－教育委員会
□電気事業法－経済産業省、消防法－総務省
□建築基準法－国土交通省
　▶特定行政庁－都道府県知事または建築主事を置く市町村長
□労働安全衛生法－厚生労働省
　▶労働基準監督署－労働衛生に関する行政を行う
　▶労働基準監督官－都道府県労働局または労働基準監督署

例題

平成29年 問題1 一部抜粋

現在の行政組織に関する次の記述のうち、最も適当なものはどれか。
(2) 水質汚濁防止法の主管官庁は、厚生労働省である。
(3) 労働衛生行政の地方組織としては、都道府県ごとに都道府県労働局がある。
(4) 保健所には、労働基準監督官が置かれている。

解答 3
解説 (2)は厚生労働省ではなく環境省、(4)は保健所ではなく都道府県労働局または労働基準監督署。

3

第 1 章

建築物
衛生行政概論

日本国憲法 25 条（条文）

すべて国民は、健康で文化的な最低限度の生活を営む権利を有する。

国は、すべての生活部面について、社会福祉、社会保障及び公衆衛生の向上及び増進に努めなければならない。

WHO憲章 前文（健康の定義）

健康とは、完全な身体的、精神的及び社会的福祉の状態であり、単に疾病又は病弱の存在しないことではない。

到達しうる最高基準の健康を享有することは、人種、宗教、政治的信念又は経済的若しくは社会的条件の差別なしに万人の有する基本的権利の一つである。

例題

令和元年 問題 1 一部抜粋

世界保健機関（WHO）憲章の前文に述べられている健康の定義に関する次の文章の　　　　内に入る語句として、最も適当なものはどれか。

「健康とは完全な肉体的、精神的及び社会的福祉の状態にあり、単に病気又は病弱の存在しないことではない。

到達しうる最高基準の健康を享受することは、人種、宗教、政治的信念又は経済的もしくは　　　　条件の差別なしに万人の有する基本的権利の一つである。」

(1) 地域的

(2) 文化的

(3) 社会的

解答 3

解説 本文参照

関連法規と所管省庁、行政組織

□水道法－厚生労働省

□下水道法－国土交通省・環境省

> ▶ 下水道事業－国土交通省

> ▶ 下水道の終末処理場の維持管理－国土交通省・環境省

□浄化槽法－国土交通省・環境省

□大気汚染防止法・水質汚濁防止法－環境省

□地域保健法－厚生労働省

> ▶ 保健所－都道府県、政令市、特別区が設置

□学校保健安全法－文部科学省

> ▶ 私立学校を除く学校保健－教育委員会

□電気事業法－経済産業省、消防法－総務省

□建築基準法－国土交通省

> ▶ 特定行政庁－都道府県知事または建築主事を置く市町村長

□労働安全衛生法－厚生労働省

> ▶ 労働基準監督署－労働衛生に関する行政を行う

> ▶ 労働基準監督官－都道府県労働局または労働基準監督署

例題　　　　　　　　　　　　　平成 29 年 問題 1　一部抜粋

現在の行政組織に関する次の記述のうち、最も適当なものはどれか。

(2)　水質汚濁防止法の主管官庁は、厚生労働省である。

(3)　労働衛生行政の地方組織としては、都道府県ごとに都道府県労働局がある。

(4)　保健所には、労働基準監督官が置かれている。

解答 3

解説 （2）は厚生労働省ではなく環境省、（4）は保健所ではなく都道府県労働局または労働基準監督署。

当法律の目的（第1条）

多数の者が使用し、又は利用する建築物の**維持管理**に関し環境衛生上必要な事項等を定めることにより、衛生的な環境の確保を図り、もつて**公衆衛生**の向上及び増進に資する。

建築物環境衛生管理基準

□ 環境衛生上良好な状態を**維持**するのに必要な措置について定める

□ 設計指針や構造設備ではなく、**管理基準**が定められている

□ 所有者等に遵守義務

保健所の業務

□ 多数の者が使用し、又は利用する建築物の**維持管理**について、**環境衛生**上の正しい知識の**普及**を図ること

□ **環境衛生**上の相談に応じ、必要な**指導**を行う

例題

令和元年 問題4 一部抜粋

建築物衛生法に関する次の記述のうち、誤っているものはどれか。

(1) 特定建築物においては、建築物環境衛生管理基準に従った維持管理が義務付けられている。

(2) 特定建築物の所有者等は、建築物環境衛生管理技術者を選任しなければならない。

(4) 建築物環境衛生管理基準を定め、建築物環境衛生管理技術者にその遵守を義務付けている。

解答 4

解説 管理基準の遵守は所有者等に義務付けられている。

4 特定建築物

特定建築物の定義

次のすべての用件を満たす建築物

(1) **建築基準法**に定義

(2) 次の特定用途に使用される建築物

興行場（興行場法の規定の興行場に限る）、百貨店、集会場（**市民ホール**等）、図書館、**博物館**、美術館、**水族館**、遊技場、店舗（**銀行**等）、事務所、学校（**研修所を含む**）、旅館

(3) 特定用途に使用される延べ面積が **3,000m² 以上**

（ただし、専ら**学校教育法第 1 条**に定められている学校［小学校、中学校、高等学校等、**特別支援学校**等］については、**8,000m² 以上**）

特定用途に該当しないもの

□ 病院、診療所、**社会福祉施設**、**体育**施設

□ **寄宿舎**、共同住宅

□ 工場、**変電所**、**電気通信**施設、**製品試験研究所**

□ **自然科学系研究所**（ただし、**人文科学研究所**は特定用途に該当する）

□ 鉄道の**プラットホーム**の上家、**運転保安**施設

□ 地下街、寺院

□ 倉庫・駐車場（ただし、**特定用途に付属**するものは特定用途に該当する）

延べ面積の算定方法

□ 建築物を次の 4 つに区分して算定

A …… **専ら特定用途**に供される部分

（例：事務所、店舗の**専用部分**）

B …… A に**附随**する部分（**共用部分**）

（例：廊下、階段、洗面所）

C …… A に**附属**する部分

（例：百貨店内の**倉庫**、事務所附属の**駐車場**）

D ……**専ら特定用途以外**の用途に供される部分
　　　（例：独立の診療所の専用部分）

延べ面積 ＝ A ＋ B ＋ C

D は延べ面積に含まない

□同一**敷地**内でも 1 棟ごとに算定

次の建築物のうち、建築物衛生法に基づく特定建築物に該当するものはどれか。

(1)　延べ面積が 2,500m^2 の事務所を併せもつ、5,000m^2 の自然科学系研究施設

(2)　延べ面積が 3,500m^2 の中学校と 4,000m^2 の高等学校を併せもつ、7,500m^2 の中高一貫校

(3)　延べ面積が 1,500m^2 の体育施設を併せもつ、6,500m^2 の専門学校

(4)　延べ面積が 2,500m^2 の事務所を併せもつ、5,000m^2 の寺院

(5)　延べ面積が 2,500m^2 の店舗と 2,000m^2 の貸倉庫を併せもつ、4,500m^2 の複合建築物

解答　3

解説　専門学校は 3,000m^2 以上で特定建築物に該当する。

5 建築物環境衛生管理技術者免状

学習 /

建築物環境衛生管理技術者免状

□ 所有者等は、特定建築物の維持管理が環境衛生上適正に行われるように監督をさせるため、建築物環境衛生管理技術者免状を有する者を選任しなければならない
□ 免状の交付は厚生労働大臣に申請
□ 免状が汚損した場合は再交付できる
□ 正当な理由なく、免状返納命令に違反したものは罰則
□ 違反処分の執行後、2 年を経過しないものには、免状が交付されない場合がある
□ 死亡した場合、1 カ月以内に免状を返還
□ 記載事項の変更は、書換え申請できる
□ 再交付後、免状を発見したときは 5 日以内に厚生労働大臣に返還

例題

令和元年 問題 9 一部抜粋

建築物環境衛生管理技術者に関する次の記述のうち、最も適当なものはどれか。

(3) 建築物環境衛生管理技術者が管理業務の指導監督を怠り健康被害が発生した場合は、建築物環境衛生管理技術者に対して罰則の適用がある。

(4) 建築物環境衛生管理技術者の免状の記載事項に変更を生じたときは、厚生労働大臣に免状の書換え交付を申請しなければならない。

(5) 建築物環境衛生管理技術者の免状の再交付を受けた後、失った免状を発見したときは、5 日以内にこれを厚生労働大臣に返還する。

解答 5

解説 (3) 所有者等に適用される。(4) 申請することができる。

特定建築物の届出

- □ 届出義務者は**所有者**等
- □ 特定建築物の竣工・使用開始**後**、**1 カ月**以内に届出
- □ 書類は**都道府県知事**または**保健所を置く市長・区長**に提出
- □ 届出事項に変更があったときは**1 カ月**以内に届出
- □ 特定建築物に該当しなくなったときは**1 カ月**以内に届出
- □ 届出をしない、虚偽の届出をした場合の**罰則規定**がある
- □ 長期間届出しなかった場合、**罰則規定**はあるが、**使用停止**の処分はない
- □ 届出書類に**建築確認済証の写し**の添付は**不要**
- □ 共有の場合は、**連名**で 1 通の届出の提出が望ましい
- □ 国や**地方公共団体**の特定建築物も届出が**必要**
- □ 届出様式は**都道府県知事**が定める
- □ 昭和 45 年の制定当初から**都道府県知事**に届出
- □ 届出事項は名称、構造設備の概要、用途、**使用**されるに至った年月日

例題

令和元年 問題 7　一部抜粋

建築物衛生法に基づく特定建築物の届出に関する次の記述のうち、最も不適当なものはどれか。

(3) 現に使用されている建築物が、増築により新たに特定建築物に該当することになったときは、その日から 1 カ月以内に届け出なければならない。

(4) 届出の様式は、建築物衛生法施行規則で定められている。

(5) 建築物衛生法施行規則に基づく届出事項に変更があったときは、その日から 1 カ月以内に、その旨を届け出なければならない。

解答 4　　**解説** 都道府県知事が定める。

帳簿の備え付け

特定建築物所有者等は、帳簿書類を備えておかなければならない。

備えておくべき帳簿書類と保存期間

□空気環境、給水・排水の管理、清掃、ねずみ等の防除の状況を記載した書類：5年間

　▸貯水槽清掃の実施記録、水質検査結果

　▸空気環境測定の結果

　▸廃棄物保管設備の点検整備の記録

　▸換気設備の点検整備の記録

　▸排水管、通気管及び阻集器の点検整備の記録

　▸ねずみ等の生息調査結果、駆除の記録

　▸清掃の記録

□平面図・断面図、維持管理に関する設備の配置及び系統を明らかにした図面：永久保存

□建築物環境衛生管理技術者の兼任に支障がないことの確認結果、意見の内容：永久保存

□その他維持管理に関し環境衛生上必要な事項を記載した書類：5年間

備えておくべき帳簿書類から除外されるもの

□防災設備・消火設備・電気設備・エレベータ設備

□ガス設備の点検整備の記録

例題1　　　　　　　　　　　　　　平成29年 問題6

建築物衛生法に基づく備え付けておくべき環境衛生上必要な帳簿書類に関する次の文章の　　　内の語句のうち、誤っているものはいくつあるか。

　建築物衛生法第10条による帳簿書類の種類については、省令により次の3項目が規定されている。

①空気環境の調整、給水及び排水の管理、清掃並びに
　廃棄物処理 の状況（これらの措置に関する測定又は検査の結
　果並びに当該措置に関する設備の点検及び整備の状況を含
　む。）を記載した帳簿書類
②特定建築物の平面図及び断面図並びに当該特定建築物の維持
　管理に関する設備の 配置及び系統 を明らかにした図面
③その他当該特定建築物の 維持管理 に関し環境衛生上必要な
　事項を記載した帳簿書類
　また、①及び③の帳簿書類は、 10年間 保存しなければなら
　ない。
(1)　0個（なし）
(2)　1個
(3)　2個
(4)　3個
(5)　4個（すべて）

解答 3
解説 「廃棄物処理」は「ねずみ等の防除」の誤り、「10年間」は「5
年間」の誤りである。

例題2　　　　　　　　　　　　　　　　　　　平成28年 問題7

建築物衛生法に基づき備え付けておかなくてはならない帳簿書
類として、誤っているものは次のうちどれか。
(1)　飲用に供する給水配管の系統図
(2)　空気環境測定結果の記録
(3)　昇降機の点検整備記録
(4)　ねずみ等の生息状況調査結果の記録
(5)　排水設備の点検整備記録

解答 3　　解説 （3）は備えておくべき帳簿に該当しない。

1

建築物衛生行政概論

空気環境の基準

浮遊粉じんの量：0.15mg/m³ 以下

一酸化炭素の含有率：6ppm 以下

二酸化炭素の含有率：1,000ppm 以下（1 日 2 回以上の平均値）

温度：18℃以上 28℃以下

相対湿度：40％以上 70％以下

気流：0.5m/ 秒以下

ホルムアルデヒドの量：0.1mg/m³ 以下

（0.08ppm 以下）

□機械換気設備のみを設けている場合は、**温度と湿度**は除外

□浮遊粉じん、一酸化炭素、二酸化炭素は**平均**値で評価

□温度、相対湿度、気流は**瞬時**値で評価

測定方法

□使用時間中、各階ごとに居室の**中央**部の床上 75cm 以上 150cm 以下において測定

□測定器

温度：0.5 度目盛の温度計

相対湿度：0.5 度目盛の乾湿球湿度計

気流：0.2m/ 秒以上の気流を測定することができる風速計

粉じん計：1 年以内ごとに較正

測定周期

□**2 カ月**以内ごとに 1 回

（ホルムアルデヒドは、新築・修繕後、直近の 6 月 1 日から 9 月 30 日までに 1 回）

例題

下の表は、ある事務室の空気環境の測定結果の一部である。建築物環境衛生管理基準に適合しない項目の組合せは、次のうちどれか。

測定項目	一酸化炭素の含有率	二酸化炭素の含有率	温度	相対湿度
単位	ppm	ppm	℃	%
1 回目	1.5	1,100	22.5	30
2 回目	3.5	1,200	23.0	35

(1) 一酸化炭素の含有率と温度
(2) 一酸化炭素の含有率と相対湿度
(3) 二酸化炭素の含有率と温度
(4) 二酸化炭素の含有率と相対湿度
(5) 温度と相対湿度

解答 4

解説 一酸化炭素：平均値 2.5ppm、二酸化炭素：平均値 1,150ppm、温度：瞬時値 22.5℃、23.0℃、相対湿度：瞬時値 30%、35%で評価する。適合していないのは二酸化炭素と相対湿度。

飲料水・給湯の管理基準

□ 飲用水は、水道法の水質基準に適合する水を供給すること

□ 給水栓における遊離残留塩素100万分の0.1（結合残留塩素100万分の0.4）以上

□ 汚染のおそれがある場合は、遊離残留塩素100万分の0.2（結合残留塩素100万分の1.5）以上

□ 残留塩素の検査は、7日以内ごとに1回

□ 健康を害するおそれがあることを知ったときは、直ちに給水を停止し、かつ、危険である旨を関係者に周知

□ 異常を認めたときは、水質基準省令に基づく必要な項目について検査

□ 地下水や井戸水を飲用に利用する場合は、水質基準省令に基づく水質検査

□ 貯水槽や貯湯槽の清掃は、毎年1回以上

雑用水の管理基準

□ 残留塩素の事項は上記飲料水と同様

□ 散水、修景、清掃用水にし尿を含む水を原水として使用しない

□ 水質検査

pH値、臭気、外観：7日以内ごとに1回

大腸菌：2カ月ごとに1回

濁度：2カ月ごとに1回（水洗便所用を除く）

□ 散水、修景、清掃用水、水洗便所用水いずれも、ほとんど無色透明であること

□ 一般細菌は集落数100/mL以下、大腸菌は検出されないこと

建築物環境衛生管理基準に基づく給水・給湯設備の衛生上必要な措置に関する次の記述のうち、誤っているものはどれか。

(1) 供給する飲料水が人の健康を害するおそれがあるときは、飲料用以外の用途に使用するよう直ちに関係者に周知すること。

(2) 飲用のために給水設備を設ける場合は、水道法第4条の規定による水質基準に適合する水を供給すること。

(3) 飲料水に含まれる残留塩素の検査を7日以内ごとに1回、定期に行うこと。

(4) 給水栓における水の色、濁り、臭い、味などに異常を認めたときは、水質基準に関する省令に基づく必要な項目について検査を行うこと。

(5) 給湯用の貯湯槽の清掃は、1年以内ごとに1回、定期に行うこと。

解答　1

解説　供給する飲料水が人の健康を害するおそれがあるときは、直ちに給水を停止し、かつその水の使用が危険である旨を周知することが定められている。

10 建築物環境衛生管理基準に基づく実施項目

学習 ／

1 建築物衛生行政概論

空気環境

- □空気環境測定：2カ月ごとに1回
  （ホルムアルデヒドは、新築・修繕後、直近の6月1日から9月30日の間に1回）
- □冷却塔、冷却水
  点検：使用開始時及び使用期間中1カ月以内ごとに1回
  清掃：1年以内ごとに1回
- □加湿装置
  点検：使用開始時及び使用期間中1カ月以内ごとに1回
  清掃：1年以内ごとに1回
- □空気調和設備内に設けられた排水受け
  点検：使用開始時及び使用期間中1カ月以内ごとに1回
- □冷却塔、加湿装置の供給水は水道法の水質基準に適合させる
- □排水受けは水が溜まっていないことを点検する

給水の管理

- □残留塩素の検査：7日以内ごとに1回
- □貯水槽の清掃：毎年1回以上
- □水質検査：6カ月ごとに1回
  ただし、トリハロメタン類は、6月1日〜9月30日の間で1年以内に1回

雑用水の管理

- □残留塩素の検査：7日以内ごとに1回
- □水質検査
  pH値、臭気、外観：7日以内ごとに1回
  大腸菌：2カ月ごとに1回
  濁度：2カ月ごとに1回（水洗便所用を除く）

15

排水の管理

□排水設備の清掃を 6 カ月以内ごとに 1 回

清掃

□掃除を日常に行う

□大掃除を 6 カ月以内ごとに 1 回、定期的に統一的に行う

ねずみ等の防除

□生息や被害の状況についての統一的な調査を 6 カ月以内ごとに 1 回

□調査結果に基づく必要な措置を都度

例題

平成 30 年 問題 9

空気調和設備である加湿装置の維持管理に関する次の記述のうち、最も適当なものはどれか。

(1) 加湿装置の汚れの点検は、使用期間中に 1 回行う。

(2) 加湿装置の清掃は、2 年以内ごとに 1 回行う。

(3) 加湿装置により、居室内部の空気が病原体によって汚染されることはない。

(4) 加湿装置に供給する水は、水道法の水質基準に適合した水を使用する。

(5) 加湿装置の排水受け（ドレンパン）に、水が常時十分に溜まっていることを確認する。

解答 4

解説 (1) 使用期間中 1 カ月以内ごとに 1 回、(2) 1 年以内ごとに 1 回。(3) 汚染される可能性がある。(5) 溜まっていないことを確認する。

建築物環境衛生管理技術者

建築物環境衛生管理技術者の選任

□所有者等は、特定建築物の維持管理が環境衛生上適正に行われるように監督をさせるため、免状を有する者のうちから建築物環境衛生管理技術者を選任しなければならない

□特定建築物への常駐は必須ではない

□2 以上の特定建築物の兼任は支障のないことを確認する必要がある

□特定建築物の所有者との間に直接の雇用関係は不要

建築物環境衛生管理技術者の役割

建築物環境衛生管理技術者は、特定建築物の維持管理について必要があるときは、権原者に対し、意見を述べることができる。権原者は、その意見を尊重しなければならない

建築物環境衛生管理技術者の職務

□環境衛生上の維持管理業務の指揮監督

□建築物環境衛生管理基準に関する測定または検査結果の評価

□環境衛生上の維持管理に必要な各種調査

注意 届出や帳簿の義務、罰則や命令は、建築物環境衛生管理技術者ではなく権原者に課せられる

例題 1

平成 23 年 問題 11 一部抜粋

建築物における衛生的環境の確保に関する法律に基づく建築物環境衛生管理技術者の役割に関する次の文章の ▢ 内に入る語句の組合せとして、正しいものはどれか。

建築物環境衛生管理技術者は、特定建築物の ア が建築物環境衛生管理基準に従って行われるようにするため必要があると認めるときは、当該特定建築物の所有者、占有者その他の者で当該特定建築物の ア について権原を有するものに対し、イ を述べることができる。この場合においては、当該権原を有するものは、その イ を ウ しなければならない。

	ア	イ	ウ
(1)	維持管理	意見	尊重
(2)	維持管理	改善方針	尊重
(3)	環境管理	意見	遵守

解答 1
解説 本文参照

例題2　　　　　　　　　　　　　　平成 28 年 問題 11

建築物衛生法に基づく建築物環境衛生管理技術者に関する次の記述のうち、最も適当なものはどれか。
(1) 選任された特定建築物に常駐しなければならない。
(2) 特定建築物の環境衛生上の維持管理に関する帳簿書類を備える義務が課せられている。
(3) 特定建築物維持管理権原者に対して設備改善等の命令をすることができる。
(4) 建築物環境衛生管理基準に関する測定又は検査結果の評価を行う。
(5) 環境衛生上の維持管理に従事する職員の雇用を行う。

解答 4
解説 （1）常駐は必須ではない。（2）所有者等に義務がある。（3）意見を述べることができる。（5）雇用関係は不要。

建築物における衛生的環境の確保に関する事業の登録

登録の概要

□建築物の環境衛生上の維持管理を行う事業者について、物的基準、人的基準を満たしている場合、都道府県知事の登録を受けることができるという制度

□営業所ごとに、営業所の所在地を管轄する都道府県知事が行う

□登録を受けなくても業務はできる

□有効期間は 6 年

□登録を受けた営業所について、登録業者である旨の表示ができる

□登録を受けていない事業者は、表示できない

□登録を受けた営業所以外の営業所には、表示できない

□都道府県知事は、登録業者に対して報告、立入検査、質問をすることができる。保健所を設置する市区長にこの権限は付与されていない

□都道府県知事は、基準に適合しなくなった場合、登録を取り消すことができる

□登録基準

物的基準：機械器具その他の設備に関する基準

人的基準：監督者や従事者の資格に関する基準

その他の基準：作業方法や機械器具の維持管理方法などに関する基準

□監督者は営業所の登録事業ごとに 1 人以上、他の営業所との兼務はできない

□選任されている建築物環境衛生管理技術者は監督者と兼務できない

□防除作業監督者は、建築物環境衛生管理技術者免状が人的基準の要件にならない

□パートやアルバイトも従事者研修を要する

□ **貯水槽清掃**業、**排水管清掃**業、**ねずみ等防除**業は保管庫を要する

□ 内視鏡、高圧ホース及び洗浄ノズルは、建築物**排水管**清掃業の物的基準の要件である

登録の対象業種

□ 建築物**清掃**業

□ 建築物**空気環境測定**業

□ 建築物空気調和用**ダクト**清掃業

□ 建築物飲料水**水質検査**業

□ 建築物飲料水**貯水槽清掃**業

□ 建築物**排水管**清掃業

□ 建築物**ねずみ昆虫**等防除業

□ 建築物環境衛生**総合管理**業

注意 登録の対象になっていない業種

□ 建築物**廃棄物処理**業

□ 建築物**給水管**業、建築物**排水槽**業、建築物**浄化槽**業

□ 建築物**空気調和設備**業、建築物**冷却塔**業

例題　　　　　　　　　　　　　令和元年 問題11　一部抜粋

建築物衛生法に基づく事業の登録に必要な人的要件に関する次の記述のうち、最も適当なものはどれか。

(1)　建築物環境衛生管理技術者として特定建築物に選任されている者は、登録事業の監督者等と兼務することができる。

(3)　はじめに建築物環境衛生管理技術者の免状によって監督者となったものであっても、事業登録の更新により引き続き監督者となる場合は、6年ごとの再講習を受講する。

(4)　同一の者が同一営業所の2以上の登録事業の監督者等となることができる。

(5)　登録事業に従事するパート、アルバイトは従事者研修の対象外である。

解答 3　　　**解説** 本文参照

13 立入検査・改善命令・罰則 学習 /

立入検査

知事は、必要があると認めるときは、所有者等に対し**報告**をさせ、又は職員に**立入検査**、**質問**をさせることができる。ただし、住居の場合は、**居住者の承諾**が必要

　□立入検査を行う職員：**環境衛生監視員**

改善命令

知事は、不適当と認めるときは、**権原者**に対し**改善**を命じ、又は**使用停止**、**制限**することができる

罰則が適用される場合

　□特定建築物の届出、建築物環境衛生管理技術者の**選任**の違反
　□**帳簿書類**の違反
　□知事の**報告・立入検査、改善命令**に対する違反
　□免状を**返納**しなかった者（10万円以下の過料）

例題

平成30年 問題13

建築物衛生法に基づく立入検査及び改善命令に関する次の文章の　　　　内に入る語句は何か。

　都道府県知事（保健所を設置する市又は特別区にあっては市長又は区長）が必要と認めるときは、　ア　に、立入検査を行わせることができる。この立入検査によって、特定建築物の維持管理が建築物環境衛生管理基準に従って行われておらず、かつ、当該特定建築物内における　イ　をそこない、又はそこなうおそれのあるときは、その特定建築物の　ウ　に対して維持管理の方法の改善、その他必要な措置をとることを命ずることができる。

解答　ア：環境衛生監視員、イ：人の健康、ウ：維持管理権原者
解説　立入検査は、人の健康のために行われる。

14 特例

国、地方公共団体の特定建築物への特例

☐ 報告、立入検査、改善命令は適用されない（特例）

ただし、

› 知事は、必要があるときは、**説明・資料の提出**を求めることができる

› 知事は、不適当と認めるときは、改善**措置の勧告**をすることができる

例題

平成 30 年 問題 12

建築物衛生法に基づく、国又は地方公共団体の用に供する特定建築物に関する次の記述のうち、正しいものはどれか。

(1) 建築物環境衛生管理技術者の選任は必要ない。

(2) 建築物環境衛生管理基準は適用されない。

(3) 都道府県知事等は、立入検査を行うことができない。

(4) 都道府県知事等は、維持管理記録の提出を求めることができない。

(5) 都道府県知事等は、改善措置の勧告をすることができない。

解答 3

解説 国、地方公共団体の特定建築物への特例は、立入検査には適用されない。

15 地域保健法・学校保健安全法

学習 /

地域保健法

□環境衛生監視員

立入検査等の監視指導を行う。保健所に勤務

□保健所の業務

国民健康保険の事項は含まれていない

人口動態統計に関する業務を行っている

労働者の衛生、労働災害統計に関する業務を行っていない

学校保健安全法

□学校薬剤師の職務

学校保健計画の立案への参与

プールの水質・教室の照度、害虫の生息等の検査

環境衛生等の指導・助言、健康相談・保健指導

医薬品の管理に対する指導等

教室の室内空気の検査

□学校環境衛生基準の項目

換気（二酸化炭素）、温度、相対湿度、気流、一酸化炭素、二酸化窒素、揮発性有機化合物、浮遊粉じん、ダニ、ダニアレルゲン、照度、まぶしさ、騒音レベル、プールの水質、害虫の生息等

例題

平成 30 年 問題 14 一部抜粋

保健所の事業に関する次の記述のうち、最も不適当なものはどれか。

(2) 栄養の改善及び食品衛生に関する事項

(3) 住宅、水道、下水道、廃棄物の処理、清掃その他の環境の衛生に関する事項

(4) 医事及び薬事に関する事項

(5) 労働者の衛生に関する事項

解答 5   解説 本文参照

生活衛生関係営業法

生活衛生関係営業法

□所管する法律

食品衛生法、理容師法、美容師法、興行場法、旅館業法、公衆浴場法、クリーニング業法、理容師法等

興行場法、旅館業法等

□換気、照明、防湿、清潔、入場者の衛生に必要な措置を講じなければならない

□興行場法：**都道府県知事の許可**。入場者の衛生基準は**都道府県条例**による

クリーニング業法、理容師法等

□開設者は、**都道府県知事に届け出**なければならない

公衆浴場法

□都道府県知事の**許可**を要し、基準は都道府県の**条例**で定める

□都道府県知事は**立入検査**し、**報告**を求めることができる

例題

平成 30 年 問題 18

次の生活衛生関係営業のうち、施設の開設又は営業に当たって許可を要しないものの組合せとして正しいものはどれか。

ア　映画館　　　イ　ホテル　　　　　　ウ　理容所

エ　公衆浴場　　オ　クリーニング所

(1) アとイ　　　(2) アとウ　　　(3) イとエ

(4) ウとオ　　　(5) エとオ

解答 4

解説 **理容所**と**クリーニング所**は届出を要し、許可を要しない。

17 水道法・下水道法・浄化槽法

水道法

□主な水質基準

　一般細菌：1mL の検水で形成される集落数が 100 以下

　大腸菌：検出されないこと

　鉄：0.3mg/L 以下

　銅：1.0mg/L 以下

下水道法

□目的

　公共下水道の管理は原則として**市町村が行う**

　公共下水道、流域下水道及び都市下水路の設置その他の管理の基準等を定めて、**都市の健全な発達及び公衆衛生の向上**に寄与し、**公共用水域の水質の保全**に資することを目的とする

□公共下水道に流入させる排水設備の設置

　土地の所有者、使用者又は占有者は、排水設備を設置しなければならない

　国土交通大臣は、緊急時に公共下水道の必要な指示をすることができる

　環境大臣は、緊急時に終末処理場の必要な指示をすることができる

浄化槽法

□設置の届出

　浄化槽を設置する者は、**都道府県知事**（または**保健所を設置する市長又は区長**）に届出

□保守点検・清掃

　浄化槽管理者は、年 1 回、保守点検・清掃を実施し、3 年間記録を保存

□水質検査

　浄化槽管理者は、年 1 回、指定検査機関の行う水質検査を受検

令和元年 問題 16 一部抜粋

下水道法に関する次の記述のうち、最も不適当なものはどれか。

(1) 下水道の整備を図り、もって都市の健全な発達及び公衆衛生の向上に寄与し、あわせて公共用水域の水質の保全に資することを目的とする。

(2) 厚生労働大臣は、緊急の必要があると認めるときは、公共下水道等の工事又は維持管理に関して必要な指示をすることができる。

(5) 環境大臣は、緊急の必要があると認めるときは、終末処理場の維持管理に関して必要な指示をすることができる。

解答 2

解説 国土交通大臣は、緊急時に公共下水道の必要な指示をすることができる。

平成 23 年 問題 16 一部抜粋

浄化槽法に関する次の記述のうち、誤っているものはどれか。

(2) 浄化槽管理者は、浄化槽の保守点検、清掃等について環境省令で定められた技術上の基準に従って行わなければならない。

(3) 浄化槽管理者は、保守点検の記録を 3 年間保存しなければならない。

(4) 浄化槽を設置又は規模や構造の変更をしようとする者は、市町村長に届け出なければならない。

解答 4

解説 浄化槽を設置又は規模や構造の変更をしようとする者の届出先は、市町村長ではなく、都道府県知事。

環境基本法

□公害の定義

大気汚染、水質汚濁、土壌汚染、騒音・振動、地盤沈下、悪臭

□事業者の責務

事業活動に当たって、公害を防止し、自然環境を保全する措置を講ずる責務を有する

□大気汚染に係る環境基準

二酸化硫黄、一酸化炭素、浮遊粒子状物質、二酸化窒素、光化学オキシダント

□環境基準：大気汚染、土壌汚染、騒音について、人の健康の保護、生活環境を維持する基準

大気汚染防止法

□目的

事業活動並びに建築物等の解体等に伴うばい煙、揮発性有機化合物及び粉じんの排出等を規制し、自動車排出ガスの許容限度を定め、国民の健康を保護する

水質汚濁防止法

□目的：生活排水対策、国民の健康の保護、事業者の損害賠償の責任

□有害物質

カドミウム及びその化合物、シアン化合物、鉛及びその化合物、六価クロム化合物、トリクロロエチレン、ポリ塩化ビフェニルなど

□特定悪臭物質

アンモニア、硫化水素、硫化メチル、トルエン、アセトアルデヒドなど

令和元年 問題21

環境基本法で定める環境基準に関する次の条文の [　　　] に入る語句の組合せとして、正しいものはどれか。

「政府は、大気の汚染、水質の汚濁、土壌の汚染及び [ア] に係る環境上の条件について、それぞれ、[イ] を保護し、及び [ウ] を保全する上で維持されることが望ましい基準を定めるものとする。」

	ア		イ		ウ
(1)	騒音	──	生態系	──	自然環境
(2)	温暖化	──	人の健康	──	国土
(3)	騒音	──	人の健康	──	生活環境
(4)	海洋の汚染	──	文化的な生活	──	生活環境
(5)	海洋の汚染	──	生態系	──	国土

解答 3

解説 政府は、大気汚染、土壌汚染、**騒音**について、**人の健康**の保護、**生活環境**を維持する基準を定める。

例題 2

平成28年 問題19

環境基本法に基づく大気の汚染に係る環境基準に定められていない物質は、次のうちどれか。
(1) 浮遊粒子状物質
(2) 一酸化炭素
(3) 二酸化炭素
(4) 二酸化窒素
(5) 光化学オキシダント

解答 3

解説 二酸化炭素は定められていない。

感染症法

□目的

必要な措置を定め、感染症の発生を予防し、**まん延の防止を**図り、公衆衛生の向上及び増進を図る

□知事が入院勧告することができる一類感染症

エボラ出血熱、クリミア・コンゴ出血熱、痘そう、南米出血熱、ペスト、マールブルグ病、ラッサ熱

健康増進法

□受動喫煙の防止

多数の者が利用する施設の管理者は、受動喫煙防止の措置を講ずるように**努めなければならない**

建築基準法

□確認に関する同意等

建築主事又は**指定確認検査機関**は、建築物における衛生的環境の確保に関する法律の規定による確認申請書を受理した場合、**保健所長**に通知。保健所長は、**意見を述べる**ことができる

例題

令和元年 問題20

次の法律のうち、受動喫煙防止を規定しているものはどれか。

(1) 健康増進法
(2) 有害物質を含有する家庭用品の規制に関する法律
(3) 悪臭防止法
(4) 環境基本法
(5) 美容師法

解答 1

解説 受動喫煙防止は健康増進法に規定されている。

労働安全衛生法

□目的

労働基準法とあいまって、労働災害防止、労働者の安全と健康と快適な職場環境の形成を促進する

□健康診断結果報告：遅滞なく、労働基準監督署長に提出

事務所衛生基準規則

□気積：高さ4mを超える空間を除き、1人当たり10m³以上

□温度：室温が10℃以下の場合は暖房

□燃焼器具：毎日、異常の有無を点検

□照度　一般的な事務作業：300ルクス以上

付随的な作業：150ルクス以上

□照明設備：6カ月以内ごとに1回、定期に点検

□便所：男女に区別。手洗い設備。男性用大便器、原則として、60人以内ごとに1個以上、男性用小便器、原則として、30人以内ごとに1個以上、女性用便房、原則として、20人以内ごとに1個以上

例題
令和元年 問題19 一部抜粋

事務所衛生基準規則において、労働者を常時就業させる室の環境に関する次の記述のうち、最も不適当なものはどれか。

(3) 室の気温が10℃以下の場合は、暖房するなどの適当な温度調節の措置を講じなければならない。

(4) 気積は、設備の占める容積及び床面から3mを超える高さにある空間を除き、労働者1人について、8m³以上としなければならない。

(5) 室の作業面の照度は、一般的な事務作業の場合は300lx以上でなければならない。

解答 4

30　解説　気積は4mを超える空間を除き1人当たり10m³以上。

第 **2** 章

建築物の
環境衛生

人体

器官

□ **自律神経**：消化、呼吸、循環機能の調整

□ **運動神経**：中枢からの命令を運動器官に伝達

□ リンパ：**循環器**系

□ 呼吸器系：**酸素を摂取**、**二酸化炭素を排出**

□ 臓器系と疾患

　腎不全：**泌尿器**系疾患、パーキンソン病：**神経系疾患**

体熱・代謝

□ 外気温の影響の受けやすさ：**皮膚温＞核心温**

□ 各部の体温：直腸温＞顔の皮膚温＞**手足の皮膚温**

□ 体内と表層の体温差：**寒冷＞温暖**

□ 基礎代謝：空腹**仰臥**時

□ 体表面積当たりの代謝量：**小児＞大人**

□ 平均基礎代謝量（日本人 30 歳代）

　男性：約 **1,500**kcal/ 日、女性：約 **1,150**kcal/ 日

□ 日本人の基礎代謝：**夏＜冬**

□ 作業区分の例

　安静：仰臥位（仰向け）

　低代謝率：軽い手作業

　中程度代謝率：**釘打ち**

　高代謝率：**のこぎり引き・ブロック積み**

　極高代謝率：**階段を登る**

恒常性の維持

□ フィードバック：**受容器**→（神経）→**調節中枢**→（神経）→
　効果器

□ ストレス耐性：**若年者＞高齢者**

□ 自律性体温調節：ふるえ・血管の**収縮**は熱産生、発汗・血管
　の拡張は熱放散

□ストレッサの例：**物理的・化学的刺激、社会的・精神的要因**
□常温・安静時の人体放熱量：**放射＞蒸発**

例題 1
令和元年 問題 25

ヒトの熱収支に関する次の記述のうち、最も不適当なものはどれか。

(1) 日本人（30歳代）の平均的基礎代謝量は、男子が女子よりも大きい。

(2) 日本人の基礎代謝は、冬が低く夏は高い。

(3) 着衣の保温性を表す量として、クロ値（clo）がある。

(4) 蒸発は、水分が皮膚より気化するときに潜熱で皮膚表面の熱を奪う現象である。

(5) 不感蒸泄により、皮膚表面から常に水分が蒸散している。

解答 2
解説 本文参照

例題 2
平成 23 年 問題 23　一部抜粋

通常の室内における人体各部位の温度が高い順に並んでいるものとして、最も適当なものは次のうちどれか。

(3) 直腸温　　　　　＞　手足の皮膚温　＞　顔の皮膚温

(4) 直腸温　　　　　＞　顔の皮膚温　　＞　手足の皮膚温

(5) 手足の皮膚温　＞　直腸温　　　　＞　顔の皮膚温

解答 4
解説 本文参照

温熱指標

- □有効温度：**気温、湿度、気流**
- □修正有効温度：有効温度＋**放射**
- □新有効温度：修正有効温度＋**作業量**＋**着衣量**
- □不快指数：気温、**湿度**
- □WBGT指数：**乾球温度（Ta）、湿球温度（Tw）、黒球温度（Tg）**
- □WBGT基準値：熱の**順化度**、**作業強度**により異なる
- □予測平均温冷感申告（PMV）：人体熱平衡式を基準とする。気温、湿度、風速、放射、**着衣量**、**代謝量**による
- □グローブ温度：グローブ温度計による熱**放射**

人体への影響

- □快適温度：**女性**＞**男性**、**高齢者**＞**若年者**、**夏季**＞**冬季**
- □感受性：**若年者**＞**高齢者**、冬季の室温：**若年者**＞**高齢者**
- □冷房障害

  症状：血管の**収縮**による血流の**減少**

  対策：室温と外気温の差を**7℃以内**
- □熱けいれん：発汗による塩分濃度の**希釈**による低ナトリウム血症。血圧の**低下**
- □熱中症：体温**上昇**。けいれん・失神・下痢・嘔吐・頭痛・めまい
- □暖房時の留意事項：床上0.1mと1.1mの温度差**3℃以下**。低湿度は体感温度**低下**

例題 1

WBGT 値に関する次の記述のうち、最も不適当なものはどれか。

(1) 熱中症予防のため、スポーツ時のガイドラインとして利用されている。

(2) 職場の暑熱基準として利用する場合、作業強度を考慮する必要がある。

(3) 作業者の熱への順化度に関わらず、作業強度に応じた基準値は同じ値である。

(4) 着用する衣服の種類に応じて補正する必要がある。

(5) 屋外で太陽照射がある場合、気温と自然湿球温度、黒球温度から求められる。

解答 3

解説 WBGT 基準値は、熱の順化度、作業強度により異なる。

例題 2

快適温度に関する次の記述のうち、最も不適当なものはどれか。

(1) ヒトの温熱的快適性は、環境側要素と人体側の着衣量、代謝量に影響される。

(2) 高齢者は、一般に若年者より低い室温を好むとされている。

(3) 夏の快適温度は、一般に冬に比べ 2 ～ 3℃高い。

(4) 涼しい環境では、男性より女性が寒さを訴えやすい。

(5) 過去数十年の間のオフィスビルにおける温度設定は、大きく変動してきた。

解答 2

解説 高齢者は、一般的に若年者より高い室温を好む傾向がある。

23 アレルギー・シックビル

アレルギー

- □免疫グロブリン：**抗体**
- □ヒスタミン：アレルギーのような症状を引き起こすが、**アレルゲンではない**
- □量－反応関係：曝露量と集団の反応率の関係
- □量－影響反応：曝露量と個体の影響の関係

シックビル症候群

- □症状：胸部苦悶感、頭痛、めまい、じんましん、吐き気、胸やけ、息切れ、疲労感
- □原因物質は**同定されていない**
- □ホルムアルデヒド：常温で**気体**。**可燃性、水溶性、発がん性、刺激臭**
  管理基準値：**0.1**mg/m³ 以下
- □**特異**的な症状を呈さず、**多様**な症状が出現

気管支喘息

- □アレルゲン：**ダニを含む家屋じん（ハウスダスト）が最多**
- □予防：**湿度を上げる**

例題

令和元年 問題28

気管支喘息に関する次の記述のうち、最も不適当なものはどれか。
- (1) 有害な免疫反応により引き起こされる。
- (2) 症状の発現には、体内の肥満細胞の働きが関係する。
- (3) アレルゲンの同定方法の一つに皮内テストがある。
- (4) 原因としては、真菌が最も多い。
- (5) 患者の素因は、発症・増悪因子の一つである。

解答 4

解説 原因はダニを含む家屋じん（ハウスダスト）が最も多い。

アスベスト・結核・
過敏性肺炎

アスベスト

☐ 自然界に存在する繊維状物質
☐ 肺の線維化、じん肺、中皮腫、肺癌
☐ 発がん性の喫煙との相乗効果
☐ 鉱山労働者以外にも健康被害
☐ 過敏性肺炎の原因物質ではない
☐ **労働安全衛生**法により試験研究を除き使用禁止

結核

☐ 感染しても発症しないことが多い
☐ 飛沫核感染
☐ 日本の罹患率は欧米より**高く**、近年、死亡例が**ある**

過敏性肺炎

☐ 発症原因：**真菌**などの微生物

例題

令和元年 問題 29

過敏性肺炎に関する次の記述のうち、最も不適当なものはどれか。

(1) アレルギー性疾患である。

(2) 過敏性肺炎の一種である換気装置肺炎は、好熱性放線菌が原因となることが多い。

(3) 大部分の夏型過敏性肺炎は、真菌（トリコスポロン）により発生する。

(4) 予防には、飲料用貯水槽や空調用エアフィルタの清掃が重要である。

(5) たばこ煙も発症の原因となる。

解答 5

解説 真菌などの微生物が発症原因となる。

たばこ

□肺癌、肺気腫などのリスク**増大**
□**健康増進**法による**受動喫煙**防止の努力義務
□**主流煙**：喫煙者が吸い込む煙。**副流煙**：たばこより直接立ち上る煙
□発がん性物質の量：**副流煙＞主流煙**
□空気清浄機の除去量：**粒子**状成分＞**ガス**状成分
□分煙効果の判定基準：**浮遊粉じん、一酸化炭素**
□**慢性閉塞性**肺疾患の原因となる

例題　　　　　　　　　　　　　　　　　　　令和元年 問題30

室内に存在する汚染物質とその健康障害の組合せとして、最も不適当なものは次のうちどれか。

(1) 細菌 ―――――――― 慢性閉塞性肺疾患
(2) たばこ煙 ――――――― 喉頭癌
(3) ハウスダスト ―――――― 慢性鼻炎
(4) 真菌 ―――――――― アスペルギルス症
(5) ホルムアルデヒド ―――― シックハウス症候群

解答　1
解説　慢性閉塞性肺疾患の主な原因は**喫煙**である。

26 酸素

学習 /

酸素

　□労働安全衛生法上の酸素欠乏：酸素濃度 18%未満
　□酸素濃度と健康障害

　　20〜18%：正常
　　17〜16%：呼吸・脈拍の増加、めまい
　　14〜15%：呼吸困難、注意力の低下
　　11〜10%：眠気、動作の鈍化
　　　7〜　6%：知覚喪失
　　　4%以下：卒倒、死亡

2 建築物の環境衛生

例題

平成 26 年 問題 31

健常者が呼吸及び脈拍の増加やめまいを起こす酸素濃度として、最も適当なものは次のうちどれか。

- (1)　20〜18%
- (2)　17〜16%
- (3)　11〜10%
- (4)　7 〜 6 %
- (5)　4 %以下

解答 2

解説 本文中の「酸素濃度と健康障害」を参照。

二酸化炭素

□建築物衛生法上の必要換気量の目安：0.1%（1,000ppm）以下

□大気中の濃度：0.04%（400ppm）程度、呼気の濃度：4%程度

□二酸化炭素濃度と健康障害

3〜4% ：頭痛、血圧上昇

6%程度 ：呼吸困難

7〜10% ：意識不明

例題

平成30年 問題31

二酸化炭素に関する次の文章の　　　　内に入る数値の組合せとして、最も適当なものはどれか。

大気中の二酸化炭素濃度は　ア　ppm程度である。建築物衛生法では、室内の二酸化炭素の含有率の基準は　イ　ppm以下と定められている。

	ア		イ
(1)	100	——	1,000
(2)	400	——	1,000
(3)	400	——	5,000
(4)	4,000	——	5,000
(5)	4,000	——	10,000

解答 2

解説 大気中の濃度は400ppm程度、基準値は1,000ppm以下である。

一酸化炭素

一酸化炭素

□ヘモグロビン親和性：酸素の 200 倍以上。酸素の運搬を阻害

□不完全燃焼により発生

□無色、無臭

□大気中の濃度：排ガス規制により低下

□血中 CO-Hb 濃度：喫煙者＞非喫煙者

□血中 CO-Hb 濃度と健康障害

　　0～　5%：無症状

　20～30%：頭痛

　30～40%：めまい、失神

　50～60%：呼吸困難、けいれん

　60～70%：昏睡

　70～80%：呼吸抑制、死亡

例題

平成 30 年 問題 8　一部抜粋

建築物衛生法に規定される空気環境について、その要因と人体への影響に関する次の記述のうち、最も不適当なものはどれか。

(1) 浮遊粉じんの人体への影響は著しいものがあり、特に呼吸器系に対しては直接的である。

(2) 二酸化炭素は極めて有毒な気体であり、中毒死、あるいは死に至らなくとも脳障害の後遺症が残る等、人体に対する影響は重大である。

(5) ホルムアルデヒドは、不快感を伴う目・鼻・喉への刺激、さらに高濃度になれば催涙・呼吸困難等の症状を引き起こす。

解答　2

解説　(2) は一酸化炭素の特徴である。

オゾン

オゾン

□大気中では、**紫外線**による光化学反応、落雷の**放電**で生成

□室内では、レーザプリンタなどの**高電圧**機器から発生

□特有の**臭気**

□水に溶けにくい

□吸入すると肺の奥まで達する

□**光化学オキシダント**として、大気汚染の環境基準が定められている

例題

平成 29 年 問題 31

オゾンに関する次の記述のうち、最も不適当なものはどれか。

(1) 光化学オキシダントの主成分である。

(2) 特有の臭気がある。

(3) 紫外線による光化学反応で生成される。

(4) 静電式コピー機は、発生源となる。

(5) 水に溶けやすい。

解答 5

解説 オゾンは水に溶けにくい。

30 二酸化硫黄

学習 /

二酸化硫黄

□火山活動により排出
□粘膜を刺激
□大気汚染の環境基準：0.1ppm 以下（1 時間値）
□大気中の濃度：石炭の使用減少により減少
□二酸化硫黄濃度と健康影響

    0～ 1ppm ：刺激臭
    5～10ppm ：咳、のどの痛み、喘息
    20ppm 程度：目の刺激
    400～500ppm で呼吸困難、死亡

2

建築物の環境衛生

例題

平成 21 年 問題 28

二酸化硫黄に関する次の記述のうち、最も不適当なものはどれか。

(1) 火山活動により排出される。
(2) 石炭の使用の減少により大気中濃度は減少した。
(3) 400～500ppm では呼吸困難を来し、死亡することがある。
(4) 粘膜に対する刺激作用がある。
(5) 大気の汚染に係る環境基準（1時間値）は 10ppm である。

解答 5

解説 大気汚染の環境基準（1 時間値）は、0.1ppm 以下である。

43

音に関する事項

□音の三要素：高さ、大きさ、音色

□聴覚の周波数特性：A特性

□加齢による聴力低下：高い周波数＞低い周波数

□一時的閾値上昇：騒音に曝露されることによる聴力低下

□騒音の影響：末梢血管の収縮、血圧上昇

各周波数の値

□可聴周波数：20Hz～20,000Hz

□音声の周波数：100～4,000Hz

□敏感な周波数：4,000Hz

□難聴の初期低下：4,000Hz付近

□聴力レベル測定：1,000Hz、4,000Hz

例題

令和元年 問題31

音に関する次の記述のうち、最も不適当なものはどれか。

(1) マスキング量は、マスクする雑音などが存在するとき、マスクされる音の最小可聴域の音圧レベル上昇量で示される。

(2) ヒトの聴器で聴き取ることのできる周波数帯の範囲は、約10オクターブである。

(3) 聴覚の刺激となる音には、鼓膜を通じた空気の振動による音と、骨を通じて伝わる音がある。

(4) オージオメータを用いた聴力検査で測定されたマイナスの測定値は、聴力が基準よりも良いことを意味する。

(5) ヒトの聴覚が最も敏感な周波数は、8,000Hz付近である。

解答 5

解説 ヒトの聴覚が最も鋭敏な周波数は4,000Hz程度である。

32 振動

振動の知覚

□全身で知覚。振動の方向、周波数により異なる
□敏感な周波数：垂直振動 4〜8Hz、水平振動 1〜2Hz
□振動感覚閾値（知覚できる最小値）：55dB

振動障害

□生理的影響：100dB 以上
□運転業務の振動障害：垂直振動に起因
□レイノー現象（白ろう病）：局所振動に起因
□末梢神経障害：局所振動に起因

振動レベル

□振動感覚補正を行った加速度レベル
□基準加速度：10^{-5}m/s²
□単位：dB（デシベル）

2
建築物の環境衛生

例題

振動に関する次の記述のうち、最も不適当なものはどれか。

(1) 全身振動による健康影響として、末梢神経障害がある。

(2) 手持ち工具などの使用による振動は、オクターブバンドの中心振動数で約 8〜1,000Hz の振動が問題となる。

(3) 全身振動の大きさの感覚は、振動継続時間によって変化する。

(4) 振動感覚閾値は、地震の震度 0（無感）の限界に相当する振動レベル 55dB である。

(5) 低い振動数で振幅が大きい振動では、乗り物酔い、動揺病等が発生しやすい。

解答 1

解説 末梢神経障害は局所振動に起因する。

33 光環境と視覚

学習 /

光環境

- □照度：照明の量の指標
- □輝度：**まぶしさ（グレア）の指標**
- □色温度：高い−**青みをおびた光**
  低い−**赤みをおびた光**
- □LED：指向性が**強い**

視覚

- □視力：**0.1**lx 付近で大きく変化
- □順応に要する時間：暗順応（**40分程度**）＞明順応（**2分程度**）
- □錐体細胞：**解像力に優れる**。感光度が**低く**、**明るい**ときに働く。赤・青・緑の光に反応
- □杆体細胞：感光度が**高く**、**暗い**ときに働く
- □視細胞の数：錐体細胞＜杆体細胞
- □瞳孔：照度が低下すると**開く**

例題

令和元年 問題32

光環境と視覚に関する次の記述のうち、最も適当なものはどれか。

(1) 網膜にある杆体細胞は、明るいときに働きやすい。

(2) 明るい場所から暗い場所への順応を暗順応といい、およそ2分程度で順応が完了する。

(3) 杆体細胞と錐体細胞を比較すると、感光度は錐体細胞の方が高い。

(4) 杆体細胞と錐体細胞を比較すると、数は錐体細胞の方が多い。

(5) 視力は、照度 0.1 lx 付近（輝度では 0.01cd/m^2）で大きく変化する。

解答 5

解説 視力は 0.1 lx 付近で大きく変化する。

JIS 照度基準

□750lx：製図室、事務室、玄関ホール（昼）
□500lx：会議室、印刷室、応接室、診察室
□300lx：化粧室、エレベータホール、食堂
□200lx：書庫、更衣室
□150lx：階段
□100lx：廊下、エレベータ、玄関ホール（夜）、倉庫、休憩室
□50lx：屋内非常階段

VDT 作業

□推奨照度：画面周辺との差を小さく、書類・キーボード 300lx 以上
□疲労の原因：画面と書類の輝度・距離の差。画面の映り込み
□普段使用している遠近両用メガネで目の疲労を防止できない

LED（発光ダイオード）

□小型軽量・高効率・長寿命、白色光が利用可
□指向性が強い、衝撃・振動に強い、熱に強くない

2 建築物の環境衛生

例題

令和元年 問題 34 改題

VDT 作業の光環境に関する次の文章の ☐ 内に入る数値
として、正しいものはどれか。

「厚生労働省のガイドラインでは、ディスプレイを用いる場合
の書類上及びキーボード上における照度は ☐ lx 以上と
することが推奨されている。」

(1) 200
(2) 300
(3) 500

解答 2 　　　解説 本文参照

35 色彩

色彩

□色彩の表現：**色相、明度、彩度**
□色相：暖色は**進出色**、寒色は**後退色**
□明度：暗い色は**重厚感**。明るい色は**軽量感**
□彩度：**高い**とはつらつ、新鮮。**低い**と渋みや落ち着き

JIS による安全色

□赤：**禁止、停止**
□黄赤：**危険**
□黄：**注意**
□緑：**安全**状態
□青：**指示、誘導**
□赤紫：**放射能**
□白：**通路**

例題

令和元年 問題 33

JIS による安全色の意味とその色の組合せとして、最も不適当なものはどれか。

(1) 防火 ——— 赤
(2) 注意警告 —— 黄赤
(3) 安全状態 —— 緑
(4) 誘導 ——— 黄
(5) 放射能 ——— 赤紫

解答 4
解説 誘導は青で示す。

36 電磁波

電磁波

□波長：赤外線＞可視光線＞紫外線
□磁場の強さの単位：テスラ (T)
□レーザー光線：単一波長。網膜損傷を引き起こす
□マイクロ波：周波数 300MHz～300GHz。白内障を引き起こす。電子レンジに利用
□携帯電話端末の局所 SAR 許容値：2W/kg

赤外線

□用途：工業用加熱装置
□生体影響：白内障、網膜障害、熱中症、皮膚血管拡張、代謝促進
□皮膚透過性：紫外線より大きい
□電離作用を有していない

紫外線

□用途：殺菌
□生体影響：電気性眼炎、角膜障害、ビタミン D 形成、皮膚の紅斑、皮膚癌（黒色腫）、白内障

例題

令和元年 問題 35

紫外線に関する次の記述のうち、最も不適当なものはどれか。
(1) 波長によって、3 領域に分類される。
(2) 慢性曝露で緑内障を発症する。
(3) 皮膚の老化を促進する。
(4) ビタミン D を生成して、くる病を予防する。
(5) 赤外線と比較して皮膚透過性が低い。

解答 2

解説 紫外線の慢性曝露で発症するのは白内障である。

電離放射線

- □人体に対する影響度の単位：**シーベルト (Sv)**
- □確定的要因：**皮膚潰瘍、脱毛、不妊、消化器**障害
- □確率的要因：**遺伝子**異常（胎児奇形等）、**白血**病、発がん（**甲状腺癌等**）
- □β線は薄い金属板を透過できない
- □感受性が最も高い細胞：**リンパ球**
- □がんに対する閾値は存在**しない**
- □早期影響：**脱毛、不妊、皮膚潰瘍、白血球減少**
- □晩発影響：**白血病、胎児の障害、白内障、甲状腺癌、悪性リンパ腫、皮膚癌**
- □胸部Ｘ線検査１回の被曝量＜自然放射線の年間被曝量

例題　　　　　　　　　　　　　　　　　　　　　令和元年 問題36

放射線の健康影響のうち、晩発影響として最も不適当なものはどれか。

（1）　白血病
（2）　胎児の障害
（3）　白内障
（4）　脱毛
（5）　甲状腺癌（がん）

解答 4

解説 脱毛は**早期影響**に分類される。

38 人体と水

水分

□成人の体内水分量：体重の 50〜70%（細胞内液 40%、細胞外液 20%）程度

□体内水分量：**男性＞女性　若年者＞高齢者　小児＞成人**

□成人が生理的に必要な水分量：約 1.5L/日

□成人が食物から摂取する水分量：約 0.3L/日

水分欠乏率

□　2%：強い**渇き**

□　6%：手・足の**ふるえ**

□　8%：**呼吸困難、チアノーゼ**

□10%：失神、腎機能不全

□18%：尿生成の停止

□20%：**死亡**

尿

□成人が通常状態で排泄する尿量：1〜2L/日

□成人が生理的に最低限必要な尿量：0.4〜0.5L/日

例題　　　　　　　　　　　　令和元年 問題38　一部抜粋

ヒトと水に関する次の記述のうち、最も不適当なものはどれか。

(1) 一般成人における体内の水分量は、体重の約 60% である。

(2) 体液のうち、細胞内液は、約 2/3 である。

(3) 成人の場合、1 日 1L 以上の尿排泄が必要である。

解答 3

解説 最低限必要な尿量は 1 日 0.4〜0.5 L 程度である。

2

建築物の環境衛生

水質基準

□ カドミウム：**イタイイタイ**病、低分子蛋白尿

□ 有機水銀：**水俣病、小脳性失調**などの**中枢神経**障害

□ ヒ素：**発がん性あり**。皮膚の**色素**沈着や**角**化。毒性は結合形により**異なる**

□ トリクロロエチレン：洗浄用の有機塩素系溶剤。**消毒副生成物**ではない

□ 大腸菌：水質基準で、**検出されない**ことと規定

□ PCB（ポリ塩化ビフェニル）：水質汚濁環境基準で、**検出されない**ことと規定

例題

令和元年 問題 39

有機水銀に関する次の記述のうち、最も不適当なものはどれか。

(1) 生物濃縮が起こる。
(2) 水俣病はメチル水銀による。
(3) 小脳性失調を認める。
(4) 水質汚濁防止法に基づく排水基準の項目に含まれる。
(5) 慢性曝露で低分子蛋白尿を認める。

解答 5

解説 低分子蛋白尿は**カドミウム**の慢性曝露による。

40 水系感染症

 学習 /

 2

建築物の環境衛生

水系感染の特徴

☐ 患者：短期間に爆発的に発生し、給水範囲に重なる。性別や職業に無関係

☐ 季節に左右されない。致死率が低く、軽症例が多い

水系感染症の病原体

☐ ノロウイルス、ポリオウイルス、クリプトスポリジウム、赤痢菌、赤痢アメーバ、コレラ菌、腸チフス菌、パラチフス菌、A型肝炎ウイルス

クリプトスポリジウム

☐ 病原体は原虫。塩素に抵抗性。ヒト以外にも発症

☐ 潜伏期間：約1週間。指標菌（大腸菌等）の検査が有用

ノロウイルス

☐ 食中毒の原因。感染力が強い。冬季を中心に発生

☐ 症状：嘔吐、下痢、発熱

例題

平成29年 問題43

水系感染症の特徴に関する次の記述のうち、最も適当なものはどれか。

(1) 発生は、一般に特定の年齢層や職業に集中する。

(2) 一般に重症例が多く、致死率が高い。

(3) 発生は、おおむね梅雨から夏季に限定される。

(4) 初発患者の発生から数日で爆発的に患者が増える。

(5) 一般に水の汚染が証明又は確定されることは少ない。

解答 4
解説 本文参照

 53

病原体と感染症

　□原虫：マラリア、クリプトスポリジウム症

　□真菌：白癬症、カンジダ症

　□リケッチア：発疹チフス、つつが虫病

　□細菌：ペスト、コレラ、レジオネラ症、結核

　□ウイルス：A型肝炎、B型肝炎、日本脳炎、麻しん、インフ
　　ルエンザ、デング熱

　□スピロヘータ：梅毒、ワイル病

例題

令和元年 問題41

感染症とその病原体との組合せとして、最も適当なものは次の
うちどれか。

(1) マラリア ────────── 原虫

(2) カンジダ症 ───────── ウイルス

(3) A型肝炎 ────────── 細菌

(4) クリプトスポリジウム症 ─── 真菌

(5) デング熱 ────────── 細菌

解答 1

解説 （2）カンジダ症は真菌。（3）A型肝炎はウイルス。（4）クリプ
トスポリジウム症は原虫。（5）デング熱はウイルス。

レジオネラ症

□ 間接伝播する四類感染症
□ 病原体：細菌。自然界の土中や淡水に存在。20〜50℃で繁殖
□ 感染経路：冷却塔、循環式浴槽の水のエアロゾル吸入
□ 感染しやすさは、人の個体差・体調差が影響
□ 垂直感染しない

例題

平成30年 問題43

レジオネラ症に関する次の記述のうち、最も適当なものはどれか。

(1) 病原体は、一般に10℃前後で最もよく繁殖する。

(2) 病原体は、自然界の土壌や淡水中等に生息している。

(3) 感染症法において、二類感染症に分類されている。

(4) 垂直感染する感染症である。

(5) 感染の起こりやすさに対して、ヒトの個体差や体調差は影響しない。

解答 2

解説 （1）病原体は20〜50℃で繁殖。（3）四類感染症に分類されている。（4）垂直感染しない。（5）ヒトの個体差や体調差は影響する。

感染源対策

☐ 媒介動物の駆除
☐ 保菌者の管理、患者の治療、隔離

感染経路対策

☐ うがい、手洗い、**マスク**
☐ 水や空気の浄化、室内の**清潔保持**

感受性対策

☐ 予防接種、**体力**の向上

感染症の分類

☐ 1 類感染症：**エボラ出血熱**、クリミア・コンゴ出血熱、痘そう、南米出血熱、**ペスト**、マールブルグ病、ラッサ熱

☐ 2 類感染症：急性灰白髄炎（ポリオ）、ジフテリア、重症急性呼吸器症候群（SARS コロナウイルスに限る）、**結核**、鳥インフルエンザ（H5N1）

☐ 3 類感染症：腸管出血性大腸菌感染症、**コレラ**、細菌性赤痢、腸チフス、パラチフス

☐ 4 類感染症：A 型肝炎、**狂犬病**、**マラリア**、ウエストナイル熱、ジカウイルス感染症、重症熱性血小板減少症候群、チクングニア熱、つつが虫病、**デング熱**、日本紅斑熱、**日本脳炎**、発しんチフス、ライム病、**レジオネラ症**、レプトスピラ症ほか

☐ 5 類感染症：インフルエンザ（鳥インフルエンザ、新型インフルエンザを除く。）、**クリプトスポリジウム症**、**梅毒**、**麻しん**、アメーバ赤痢、風しんほか

例題 1

令和元年 問題 42

次の感染症対策のうち、感染経路対策として、最も不適当なものはどれか。

(1) ネズミの駆除
(2) 手洗いの徹底
(3) N95マスクの着用
(4) 水と空気の浄化
(5) ワクチンの接種

解答 5

解説 ワクチンの接種は感受性対策である。

例題 2

平成 30 年 問題 42

感染症の予防及び感染症の患者に対する医療に関する法律(以下「感染症法」という。)に基づく感染症の類型において、三類感染症に分類されるものは次のうちどれか。

(1) マラリア
(2) コレラ
(3) 日本脳炎
(4) 狂犬病
(5) デング熱

解答 2

解説 コレラは第 3 類感染症に分類される。

滅菌と消毒

□滅菌：すべての微生物を死滅

□消毒：病原体のみを死滅

薬液消毒剤

□ホルマリン：芽胞に対し有効

□消毒用エタノール：芽胞に対し無効、至適濃度 70％

□次亜塩素酸ナトリウム：有機物が多いと効果が減退

□クレゾール：臭気があるため食器・食物に不適

□逆性石鹸：ウイルスに対する効果が弱い

その他消毒滅菌に用いられるもの

□γ線、紫外線、酸化エチレン、オゾン

例題   令和元年 問題44

消毒に関する次の記述のうち、最も不適当なものはどれか。

(1) 波長254nm付近の紫外線は、消毒作用がある。

(2) 消毒用エタノールは、芽胞や一部のウイルスに対して無効である。

(3) 100％エタノールの方が、70％エタノールより消毒に適している。

(4) 酸化エチレンは、ガス滅菌に用いられる。

(5) ホルマリンは、全ての微生物に有効である。

解答 3

解説 100％より70％のほうが消毒に適している。

水溶液の濃度と密度

□質量パーセント濃度

$$= \frac{溶質の質量\,[g]}{水溶液の質量\,[g]} \times 100\,[\%]$$

□質量体積濃度

$$= \frac{溶質の質量\,[mg]}{水溶液の体積\,[L]}$$

$$= \frac{溶質の質量\,[mg]}{希釈水の体積＋元の水溶液の体積\,[L]}\,[mg/L]$$

□水溶液の密度

$$\fallingdotseq 水の密度 = 1\,[g/mL]\,(水溶液は\,1\,mL\,あたり\,1\,g)$$

例題

平成30年 問題45

5%溶液として市販されている次亜塩素酸ナトリウム16mLに水を加え、およそ20mg/Lの濃度に希釈するときに加える水の量として、最も近いものは次のうちどれか。

(1) 0.8L

(2) 3.2L

(3) 4L

(4) 32L

(5) 40L

解答 5

解説 ① 5%溶液16mLは16g（水の密度にほぼ等しい）

②溶質の質量＝ $16 \times 0.05 = 0.8\,[g] = 800\,[mg]$

③希釈水の体積を $V[L]$ とすると、

$$20 = \frac{800}{V+0.016}\,[mg/L]$$

$$V = \frac{800}{20} - 0.016 = 40 - 0.016 \fallingdotseq 40\,[L]$$

第 **3** 章

空気環境の調整

46 空気環境の用語と単位

用語

- □ オゾン層破壊係数 - ODP、集落形成単位 - CFU、成績係数 - COP
- □ 特定フロン - CFC、年間熱負荷係数 - PAL
- □ ビル関連病 - BRI、平均放射温度 - MRT

単位

- □ 比エンタルピー - kJ/kg(DA)
- □ 外気量 - m³/h
- □ 熱伝導率 - W/(m・K)、熱抵抗率 - (m・K)/W
- □ 熱伝導抵抗・熱伝達抵抗 - (m²・K)/W
- □ 日射量 - W/m²、水蒸気圧 - Pa、動粘性係数 - m²/s
- □ 音圧 - Pa、音の強さ - W/m²
- □ 音の大きさのレベル - phon、音の大きさ（ラウドネス）- sone、
- □ 吸音力 - m²、残響時間 - 秒、透過損失 - dB
- □ 振動加速度 - m/s²、振動加速度レベル - dB
- □ 光束 - lm、光度 - cd、輝度 - cd/m²、色温度 - K、発光効率 - lm/W
- □ 立体角 - sr、電気抵抗 - Ω

例題

平成 30 年 問題 46 一部抜粋

次の用語とその単位との組合せのうち、誤っているものはどれか。

(1) 比エンタルピー ——— W/kg (DA)

(2) 光度 ——————— cd

(5) 音圧 ——————— Pa

解答 1

解説 比エンタルピーの単位は、kJ/kg(DA)。

熱移動

□固体内の熱流＝温度勾配×熱伝導率

□温度勾配＝$\dfrac{温度差}{厚さ}$

□固体の熱伝導率は、密度が大きいほど、湿気が多いほど、温度が高いほど、**大きい**

□固体の熱抵抗率（熱伝導率の逆数）は、密度が大きいほど、湿気が多いほど、温度が高いほど、**小さい**

□熱伝導抵抗＝$\dfrac{厚さ}{熱伝導率}$

例題

令和元年 問題49

熱移動に関する次の記述のうち、最も不適当なものはどれか。

(1) 一般に、同一材料でも内部に水分を多く含むほど、熱伝導率は小さくなる。

(2) 一般に、密度が大きい材料ほど、熱伝導率は大きくなる。

(3) 一般に、同一材料でも熱伝導率は、温度によって異なる。

(4) 中空層の熱抵抗は、密閉の程度に関係する。

(5) ガラス繊維などの断熱材の熱伝導率が小さいのは、繊維材によって内部の空気の流動が阻止されることによる。

解答 1

解説 内部に水分を多く含むほど、熱伝導率は**大きくなる**。

48 熱流と温度分布

熱流 (単位時間当たりの熱量)

$$Q = UA\Delta T = \frac{A\Delta T}{R} \, [\mathrm{W}]$$

Q：熱流 [W]　U：熱貫流率 [W/(m²・K)]
R：熱貫流抵抗 [(m²・K)/W]　A：伝熱面積 [m²]　ΔT：温度差 [K]

熱貫流抵抗

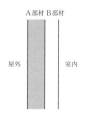

$$R = \frac{1}{\text{屋外の熱伝達率}} + \text{A部材の熱伝導抵抗} +$$
$$\text{B部材の熱伝導抵抗} + \frac{1}{\text{室内の熱伝達率}}$$

R：熱貫流抵抗 [(m²・K)/W]

体壁内の温度分布

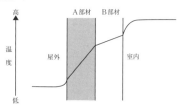

熱伝導率	A部材 ＜ B部材
熱伝導抵抗	A部材 ＞ B部材
熱流	A部材 ＝ B部材
部材の例	A部材－断熱材、B部材－コンクリート、木材など

□壁内結露防止：防湿層を断熱材の室内側に設ける

例題 1

令和元年 問題 48　一部改変

面積 8m² の外壁の熱貫流（熱通過）抵抗が 2.0m²・K/W であったとする。外気温度が − 5℃のときに室温 20℃としたときの、外壁を通過する熱量 [W] を求めよ。

解答 100 [W]

解説 $Q = \dfrac{A\Delta T}{R} = \dfrac{8 \times \{20 - (-5)\}}{2.0} = 100$ [W]

例題 2

令和元年 問題 46

右の図は、外壁の断面図上に、冬期暖房時の壁内定常温度分布を示している。この図に関する次の記述のうち、最も適当なものはどれか。

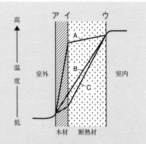

(1) 温度分布は **A** となり、壁内結露の防止のためにイに防湿層を設けることは有効である。

(2) 温度分布は **B** となり、壁内結露の防止のためにウに防湿層を設けることは有効である。

(3) 温度分布は **C** となり、壁内結露の防止のためにイに防湿層を設けることは有効である。

(4) 温度分布は **A** となり、壁内結露の防止のためにアに防湿層を設けることは有効である。

(5) 温度分布は **C** となり、壁内結露の防止のためにウに防湿層を設けることは有効である。

解答 5

解説 温度分布は **C** となる。壁内結露防止のためには防湿層は断熱材の**室内側**のウに設ける。

49 熱放射

学習 /

熱放射

- □放射熱流は、絶対温度の4乗に比例する
- □同一温度の物体間の放射率と吸収率は等しい
- □物体表面の日射吸収率と長波長放射率は必ずしも等しくない
- □0℃の固体表面からも熱放射している

日射吸収率と長波長放射率

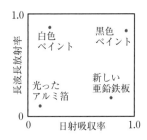

例題

平成29年 問題49 一部抜粋

建築材料表面の長波長放射率と日射吸収率に関する次の記述の
うち、最も不適当なものはどれか。ただし、長波長放射率及び
日射吸収率の値の大小は0.5より大きいか小さいかで判断する
ものとする。

(1) 酸化した亜鉛鉄板は、日射吸収率が小さく、長波長放射率
　　も小さい。

(2) 光ったアルミ箔は、日射吸収率が小さく、長波長放射率も
　　小さい。

(3) 黒色ペイントは、日射吸収率が大きく、長波長放射率も大
　　きい。

解答 1

解説 酸化した亜鉛鉄板も、程度の差こそあれ、新しい亜鉛鉄板同様
に、日射吸収率が大きく、長波長放射率が小さい。

50 気流

空気の流動

□自由噴流では、距離の2乗に反比例する領域はない
□置換換気：床面付近に低温・低速の空気を供給し、天井面付近で排気
□温度差換気量：高低差の平方根に比例
□噴流の到達距離：自然噴流＜天井面に沿った噴流
□天井面に沿った冷気流は、速度が弱いと途中で剥離して降下しやすい

ドラフトや停滞域を生じにくい気流

□冷風：側面上部から吹き出す。天井から水平に吹き出す
□温風：側面下部から吹き出す。天井から下向きに吹き出す

例題

令和元年 問題52

右の図は、暖房時の各種吹出方式による室内気流を示したものである。暖房時に好ましい方式の室内気流の組合せとして、最も適当なものは次のうちどれか。

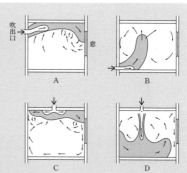

(1) AとC　　(2) BとD　　(3) AとD
(4) BとC　　(5) CとD

解答 2

解説 暖房時の温風は、側面下部から吹き出し（B）、天井から下向きに吹き出す（D）。

3 空気環境の調整

67

流体工学

□ベルヌーイの定理：エネルギー保存則

$$\frac{1}{2}\rho U^2 + p + \rho gh = 動圧 + 静圧 + 位置圧 = 一定 \,[\text{Pa}]$$

ρ：密度　U：速度　p：圧力　g：重力加速度　h：高さ

□動圧

$$P_m = \frac{1}{2}\rho U^2 \,[\text{Pa}]$$

P_m：動圧 [Pa]　ρ：密度 [kg/m³]
U：速度 [m/s]

動圧は**風速の2乗**に比例する

□レイノルズ数：粘性力に対する**慣性力**の比

圧力損失

□直線ダクトの圧力損失は、**動圧**に比例する
□直線ダクトの圧力損失は、**風速の2乗**に比例する
□円形ダクトの圧力損失は、**直径**に反比例する
□ダクトの形状変化による圧力損失は、**動圧**に比例する
□ダクトの形状変化に伴う圧力損失は、**風速の2乗**に比例する
□流量係数：窓　0.6〜0.7、ベルマウス　約1.0

例題
令和元年 問題50　一部抜粋

流体力学に関する次の記述のうち、最も不適当なものはどれか。

(3)　開口部の通過流量は、開口部の面積と流量係数に比例し、
　　　圧力差の平方根に比例する。

(4)　位置圧は、高さの2乗に比例する。

(5)　ダクトの形状変化に伴う圧力損失は、風速の2乗と形状
　　　抵抗係数に比例する。

解答　4

解説　位置圧は ρgh で表され、高さに比例する。

52 湿り空気

用語

□絶対湿度：湿り空気の水蒸気の質量と乾き空気の質量との比

□相対湿度：湿り空気の水蒸気分圧と同一温度の飽和水蒸気分圧との比

□露点温度：湿り空気を冷却したとき飽和状態（相対湿度100%）になる温度

□顕熱比：顕熱の変化量と全熱の変化量の比

□熱水分比：比エンタルピーの変化量と絶対湿度の変化量の比

加熱と加湿

□湿り空気を加熱すると、相対湿度は低下

□湿り空気を加熱すると、露点温度は変わらない

□湿り空気を冷却すると、比容積は減少

□湿り空気を加湿すると、露点温度は上昇

□湿り空気を減湿すると、湿球温度は低下

□湿り空気を吸収減湿すると、乾球温度は上昇

例題

平成 26 年 問題 60

湿り空気の状態変化に関する次の記述のうち、最も不適当なものはどれか。

(1) 湿り空気を加熱すると、比エンタルピーは上昇する。

(2) 湿り空気を加熱すると、相対湿度は低下する。

(3) 湿り空気を加湿すると、露点温度は低下する。

(4) 湿り空気を冷却すると、比容積は小さくなる。

(5) 湿り空気を減湿すると、湿球温度は低下する。

解答 3

解説 湿り空気を加湿すると、露点温度は上昇する。

空気線図

空気線図の概要

空気線図上の項目のうち2つがわかれば、その他の項目がわかる

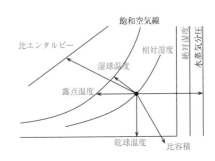

空気線図上の変化

□冷却・加熱、減湿・加湿

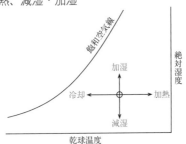

□加湿・減湿

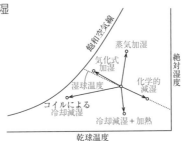

□空調システム（冷房）

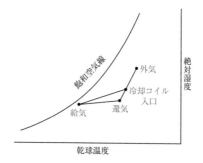

□空調システム（暖房・水加湿）

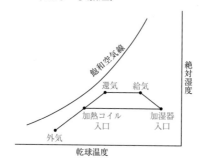

□湿り空気の混合

空気①と空気②を A : B で混合した場合、③になる。

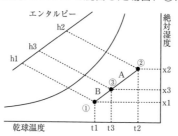

例題

図は空気線図上に状態点 A から湿球温度、比エンタルピー、比容積が同じとなる方向を矢印で示している。それぞれの矢印が示す要素として、正しい組合せは次のうちどれか。

	ア	イ	ウ
(1)	湿球温度	比エンタルピー	比容積
(2)	湿球温度	比容積	比エンタルピー
(3)	比エンタルピー	湿球温度	比容積
(4)	比エンタルピー	比容積	湿球温度
(5)	比容積	湿球温度	比エンタルピー

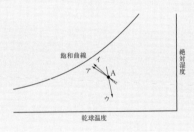

解答 3

解説 アは**比エンタルピー**、イは**湿球温度**、ウは**比容積**を示す。

結露・湿気

□露点における湿り空気：乾球温度＝湿球温度、
相対湿度＝100%

□湿度の空間的分布（場所による差異）：**絶対湿度は小さい、相対湿度は大きい**

□温度が低い場所があると、飽和水蒸気量が**減少**して、結露が発生しやすい

□断熱材が切れている場所があると、**熱橋**を生じて、結露が発生しやすい

□壁の内部結露の防止

水蒸気圧の高い断熱材の**室内**側に、湿気伝導率の**低い**防湿層を設ける

外断熱を施すと内部結露が発生しにくい

□ガラス面の結露はカーテンを用いると悪化する

□室内の家具は外壁から**離して**設置すると結露防止効果がある

3
空気環境の調整

例題

平成29年 問題48 一部抜粋

湿気に関する次の記述のうち、最も不適当なものはどれか。

(1) 冬季において戸建住宅では、外気に面した壁の出隅部分の室内側で表面結露しやすい。

(2) 室内で家具などを外壁に接して設置すると、結露防止に効果がある。

(3) 局部的に断熱が途切れて熱橋となった部分は、結露しやすい。

解答 2

解説 家具などを外壁から離して風通しを良くすると、結露防止に効果がある。

用語

- □一人当たり必要換気量：呼吸による**二酸化炭素**の排出から算出
- □換気回数：換気量を**室容積**で除したもの
- □ハイブリッド換気：**自然換気と機械換気の併用**
- □整流方式：**一方向**の流れとなるように給気・排気する方式。排気は拡散しない
- □置換方式：空気の**温度**差による**密度**差を利用する方式。排気は拡散しない
- □空気齢：**給気**が**給気口**から移動するのにかかる時間。換気効率の指標

自然換気の換気量

- □外部風速に比例
- □開口部の風圧係数の差の**平方根**に比例
- □風上・風下の開口部を2倍にすると2倍

自然換気の換気力

- □風力による換気力：外部風速の**2乗**に比例する
- □温度差による換気力：給気口と排気口の高さの**差**に比例する

機械換気方式

- □第1種機械換気方式：**機械給気**＋**機械排気**。室内は**正圧**または**負圧**
- □第2種機械換気方式：**機械給気**＋**自然排気**。室内は**正圧**。手術室・クリーンルームなど
- □第3種機械換気方式：**自然給気**＋**機械排気**。室内は**負圧**。感染症室・汚物処理室など

空気浄化装置

- □ケミカルフィルタ：**ガス状物質**の除去
- □電気集じん機：**粒子状物質**の除去

例題1

換気に関する次の記述のうち、最も不適当なものはどれか。

(1) 局所換気は、汚染物質を発生源の近くで捕集するため捕集効率が高く、換気量も比較的少ない。

(2) 温度差による換気力は、室内外の空気の密度差に比例する。

(3) 住宅等の居室のシックハウス対策として機械換気設備を用いる場合の必要換気量は、換気回数で0.5回/h以上と規定されている。

(4) 第2種機械換気方式は、給気口及び排風機により構成される。

(5) ハイブリッド換気は、自然換気に機械換気や空調設備を組み合わせたものである。

解答 4

解説 第2種機械換気方式は、送風機と排気口により構成される。

例題2

自然換気の換気力に関する次の記述のうち、最も不適当なものはどれか。

(1) 温度差による換気力は、室内外空気の密度差に比例して増加する。

(2) 温度差による換気力は、給気口と排気口の高さの差の2乗に比例して増加する。

(3) 風力による換気力は、風圧係数に比例して増加する。

(4) 風力による換気力は、外部風速の2乗に比例して増加する。

(5) 開口部の風圧係数は、正負の値をとる。

解答 2

解説 温度差による換気力は、給気口と排気口の高低差に比例する。

56 濃度計算

ザイデルの式

$$Q = \frac{M \times 10^6}{C - C_o}$$

C：室内濃度 [ppm]　C_o：外気濃度 [ppm]　Q：換気量 [m³/h]
M：汚染物質発生量 [m³/h]

完全混合（瞬時一様拡散）の室内濃度の式

$$C = C_o + (C_s - C_o) \frac{1}{e^{nt}} + \frac{M \times 10^6}{Q}\left(1 - \frac{1}{e^{nt}}\right)$$

C：室内濃度 [ppm]　C_o：外気濃度 [ppm]　C_s：初期濃度 [ppm]
Q：換気量 [m³/h]　M：汚染物質発生量 [m³/h]　t：時間 [h]
n：換気回数 [回/h]　e：ネイピア数（約 2.7）

例題　　　　　　　　　　　　　　　　　平成 26 年 問題 57　改題

室面積 200m²、天井高 2.5m の居室に、換気回数 n＝1.0 回/h
の換気がされている。初期濃度 3,000ppm の時、1 時間後の濃
度 [ppm] はいくつか。在室者 10 人、外気濃度 500ppm、一人
当たりの汚染物質発生は 0.02m³/h、その他の室内汚染物質
発生量 0.05m³/h、e＝2.7 とする。

$$C = C_o + (C_s - C_o) \frac{1}{e^{nt}} + \frac{M \times 10^6}{Q}\left(1 - \frac{1}{e^{nt}}\right)$$

解答　1740 [ppm]

解説　問題で与えられた式に代入して求める。

$$C = 500 + (3000 - 500)\frac{1}{2.7^{1 \times 1}} + \frac{(0.02 \times 10 + 0.05) \times 10^6}{200 \times 2.5 \times 1}\left(1 - \frac{1}{2.7^{1 \times 1}}\right)$$

$$= 500 + \frac{2500}{2.7} + 500 \times \left(1 - \frac{1}{2.7}\right) = 1740\,[ppm]$$

57 エアロゾル

粒径
- □霧雨：200〜500μm
- □花粉：10〜100μm
- □細菌（バクテリア）：0.3〜30μm
- □たばこ煙：0.01〜1μm
- □ウイルス：0.01〜0.4μm（10〜400nm）
- □人体に有害な影響を及ぼす粒径は1μm以下
- □10μm以上は沈降する

相当径
- □幾何相当径：定方向径、円等価径
- □物理相当径：空気力学径、**ストークス径**、光散乱径、電気移動度径

粒子の抵抗
- □相対速度の2乗に比例
- □ニュートン域ではレイノルズ数によらず**一定**
- □ストークス域ではレイノルズ数に**反比例**

粒径による影響
- □静電気力による移動速度は粒径に**反比例**
- □重力による終末沈降速度は粒径の2乗に**比例**
- □拡散係数は粒径に**反比例**
- □粒子が小さくなると、気体の分子運動の影響を受けやすい
- □沈着速度：濃度・時間当たりの沈着量

大気の粒子
- □大気の個数濃度分布は、粒径0.01μmにピーク
- □大気の質量濃度分布は、粒径1〜2μmに谷

3

空気環境の調整

令和元年 問題 58

エアロゾル粒子とその測定粒径との組合せとして、最も適当なものは次のうちどれか。

(1) 雨滴 ——————— 100μm
(2) 海岸砂 ——————— 10μm
(3) 胞子 ——————— 1μm
(4) 噴霧液滴 ——————— 0.1μm
(5) ウイルス ——— 0.01μm

解答 5

解説 ウイルスの粒径は 0.01〜0.4μm である。

平成 29 年 問題 50

エアロゾル粒子の相当径には幾何相当径と物理相当径があるが、幾何相当径に分類されるものは次のうちどれか。

(1) 光散乱径
(2) 電気移動度径
(3) 円等価径
(4) ストークス径
(5) 空気力学径

解答 3

解説 円等価径は幾何相当径に分類される。

空気汚染物質

空気汚染物質の発生源

- □一酸化炭素：喫煙、燃焼器具、駐車場排気など
- □二酸化炭素：人の呼吸、燃焼器具など
- □窒素酸化物：燃焼器具、自動車排ガスなど
- □硫黄酸化物：石油の燃焼排気など（ガスストーブからは出ない）
- □オゾン：電気式空気清浄機、コピー機、レーザプリンタ
- □ラドン：土壌、壁材
- □フューム：溶接・溶断作業
- □アスペルギルス：空気調和機、加湿器

空気汚染物質の濃度を表す単位

- □浮遊細菌 － cfu/m^3
- □浮遊微粒子－個/m^3
- □二酸化窒素 － ppb
- □アスベスト－本/L
- □ラドンガス － Bq/m^3（放射能濃度）

その他

- □におい物質：揮発性、化学反応性に富む、比較的低分子の有機化合物
- □浮遊粉じん：喫煙の減少により、近年、急激に改善
- □二酸化炭素：近年の不適合率は 30％前後で漸増

例題

平成 29 年 問題 56　一部抜粋

空気汚染物質とその発生源との組合せとして、最も不適当なものは次のうちどれか。

(1) 一酸化炭素 ―― 自動車排気
(3) 窒素酸化物 ―― ガスストーブ
(4) フューム ――― 断熱材

解答 4

解説 フュームの発生源は溶接・溶断作業などである。

アレルゲンと微生物

□室内の浮遊細菌濃度：細菌＞真菌。事務室＜地下街
□室内のアレルゲン：ダニ、カビ、花粉など（細菌ではない）
□ダニアレルゲン：ヒョウヒダニの糞など。**マイクロサイズの粒子**
□真菌：結露した壁などで増殖。カビ、酵母など。**マイクロサイズの粒子**
□ウイルス：**生体内**でしか増殖しない。環境微生物として捉えられない

例題　　　　　　　　　　　　　　　　　令和元年 問題57

アレルゲンと微生物に関する次の記述のうち、最も不適当なものはどれか。

(1) 学校保健安全法の学校環境衛生基準には、ダニ又はダニアレルゲンの基準が含まれている。

(2) ウイルスは、平常時の微生物汚染問題の主な原因であり、環境微生物として捉えられる。

(3) クラドスポリウムは、アレルギー症状を引き起こす原因の一つである。

(4) スギ花粉の除去にエアフィルタが有効である。

(5) 日本国民の約半分は、何らかのアレルギーに罹患している。

解答 2
解説 ウイルスは、生体内でしか増殖しないので、環境微生物として捉えられない。

60 揮発性有機化合物

用語

□VOCs：揮発性有機化合物

□TVOC：総揮発性有機化合物

揮発性有機化合物と用途

□ホルムアルデヒド－建材、接着剤

□スチレン－接着剤、断熱材

□ダイアジノン－防蟻剤

□パラジクロロベンゼン－防虫剤

□ベンゼン・トルエン－溶剤、抽出剤、希釈剤

3
空気環境の調整

例題

令和元年 問題54

揮発性有機化合物（VOCs）に関する次の記述のうち、最も不適当なものはどれか。

(1) VOCs とは、常温常圧で空気中に容易に揮発する有機化合物のことである。

(2) 室内の発生源として、洗剤、防臭剤、塗料、接着剤、ワックス等がある。

(3) トルエンは、建築物衛生法により基準値が定められている。

(4) VOCs は、その物質の沸点を基準に VVOC、VOC、SVOC 等に分類される。

(5) TVOC（総揮発性有機化合物）は、厚生労働省により暫定目標値が定められている。

解答 3

解説 建築物衛生法により基準値が定められているのは、ホルムアルデヒド。

用語

□エリミネータ：空気の流れによる**水滴の飛散**を防止

□コージェネレーション：**発電の排熱**を利用

□混合損失：同一室内で**冷房**と**暖房**が共存する場合の気流混合による熱損失

□実効温度差：**日射の影響**を考慮した設計用の室内外温度差

□ゾーニング：熱負荷変動の類似する室の**グループ化**

□TAC 温度：**超過確率**を考慮した設計用外気温度

□バイパス空気：**伝熱面に接触しない**で通過する空気

□バイパスファクタ：**バイパス**空気量と**全通過**空気量の比

□標準日射熱取得：厚さ 3mm のガラスの**透過日射量**と**入射日射量**の比

□モリエル（モリエ）線図：**冷凍サイクル**の動作説明図

□誘引ユニット：**一次空気**に誘引された**二次空気**により冷暖房する空調ユニット

例題

平成 27 年 問題 65

次の用語のうち、直接、空気調和に関連しないものはどれか。

(1) 熱水分比

(2) 通気弁

(3) 顕熱比

(4) バイパスファクタ

(5) 混合損失

解答 2

解説 通気弁は、排水・通気系統の通気管に設けられる。

外気負荷

□取入外気を室内条件にまで処理するのに必要な空調機負荷
□顕熱負荷と潜熱負荷

人体負荷

□顕熱負荷と潜熱負荷
□人体の顕熱負荷：対流・放射により生じる。室温が高くなると減少
□人体の潜熱負荷：発汗・蒸発により生じる。室温が高くなると増加

室内負荷

□外壁やガラス面を通過する熱負荷と室内で発生する熱負荷
□外壁やガラス面を通過する熱負荷：顕熱負荷のみ
　内外温度差×熱貫流率で算定
□蛍光灯の熱負荷：ランプの熱負荷と安定器の熱負荷

その他

□隙間風負荷：顕熱負荷と潜熱負荷
□熱負荷の大小関係：熱源負荷＞装置負荷＞室内負荷
□日射：冷房時には算定、暖房時には無視
□接地床の構造体負荷：冷房時には無視、暖房時には算定
□送風機による負荷：冷房時には算定、暖房時には無視

3

空気環境の調整

暖房時における定風量単一ダクト方式の空気調和システムを
図 - A に示す。

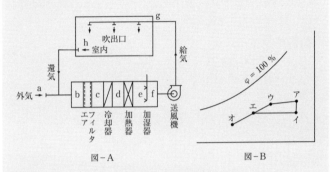

図 - A　　　　　図 - B

図 - B は、図 - A の a～h における空気の状態変化を湿り空気
線図上に表したものである。

図 - A 中の b に相当する図 - B 中の状態点は、次のうちどれか。

(1) ア

(2) イ

(3) ウ

(4) エ

(5) オ

解答 4

解説 図 -B は p71 参照。

(1) アーf～g（給気）

(2) イーe（加熱器出口）

(3) ウーh（還気）

(4) エーb～c～d（加熱器入口）

(5) オーa（外気）

よって (4) が正解。

63 空調方式

学習 ／

定風量単一ダクト方式と変風量単一ダクト方式

- □定風量方式：給気温度を変化させ、負荷変動に対応
- □変風量方式：給気風量を変化させ、負荷変動に対応
- □送風機の所要風量：変風量方式＜定風量方式
- □定風量単一ダクト方式：新鮮外気量の確保がしやすい
- □変風量単一ダクト方式：VAV ユニットにより風量を変化

ファンコイルユニット

- □熱変動が大きいペリメータゾーンに配置
- □熱の搬送は水。一般に加湿機能はない

その他

- □二重ダクト方式：冷風と温風の2系統の給気を混合
- □ペアダクト方式：一次空調機（外調機）と二次空調機の2系統の給気を混合
- □ターミナルエアハンドリングユニット方式：空気−水方式
- □床吹き出し空調方式：10℃程度の低い給気温度は不適当
- □放射冷暖房方式：単独で換気能力を有していない
- □ウォールスルーユニット方式：外壁開口部に室外機・室内機一体型ユニットを配置
- □熱量当たりの運搬動力：ダクト＞冷温水管

3

空気環境の調整

例題 1

空気調和方式に関する次の記述のうち、最も不適当なものはどれか。

(1) 全空気方式では、熱負荷を処理するための熱媒として空気のみを用いるため、比較的大型の空気調和機が必要である。

(2) 外調機併用ターミナルエアハンドリングユニット方式は、ダクト併用ファンコイルユニット方式に比べ、高品位な空調空間が達成されやすい。

(3) 定風量単一ダクト方式では、室内空気質の維持に必要な新鮮外気量の確保が難しい。

(4) デシカント空調方式は、潜熱・顕熱を分離して制御できる空調システムである。

(5) 分散設置空気熱源ヒートポンプ方式は、圧縮機のインバータによる比例制御が可能な機種が主流である。

解答 3

解説 定風量単一ダクト方式は、新鮮外気量の確保がしやすい。

例題 2

空気調和方式と設備の構成要素に関する次の組合せのうち、最も不適当なものはどれか。

(1) 定風量単一ダクト方式 ——————— 還気ダクト

(2) 分散設置水熱源ヒートポンプ方式 ——— 冷却塔

(3) 変風量単一ダクト方式 ——————— 混合ユニット

(4) 放射冷暖房方式 ————————— 放射パネル

(5) ダクト併用ファンコイルユニット方式 —— 冷温水配管

解答 3

解説 変風量単一ダクト方式には、VAVユニットが用いられる。混合ユニットは二重ダクト方式に用いられる。

64 個別空調方式

個別空調方式

□ パッケージ型空気調和機が主流
□ ヒートポンプ式冷暖房兼用機が主流
□ 圧縮機はインバータ制御が主流
□ 冷却塔やダクトが不要
□ 外気処理機能を有していない。単独で十分な換気能力はない
□ 水熱源方式よりも空気熱源方式が多用されている
□ 水熱源ヒートポンプ方式：冷房運転と暖房運転を混在させた
　熱回収運転が可能
□ セパレート型　室内機：冷房蒸発器兼暖房凝縮器と送風機
　　　　　　　　室外機：冷房凝縮器兼暖房蒸発器と圧縮機

空気環境の調整

3

例題

平成 29 年 問題 65

個別方式の空気調和設備に関する次の記述のうち、最も不適当
なものはどれか。

(1) 分散設置の水熱源ヒートポンプ方式では、一般に冷房運
転と暖房運転を混在させることはできない。
(2) 圧縮機の駆動力として電力を用いるものと、ガスエンジ
ンによるものがある。
(3) 通常は外気処理能力を持たないため、外調機などの外気
処理装置と併用するなどの対策が必要である。
(4) 分散設置空気熱源方式のマルチ型では、1台の室外機に
複数台の室内機が接続される。
(5) 分散設置空気熱源ヒートポンプ方式では、インバーター
制御によって容量制御する機種が増えてきたため、部分負
荷効率が改善された。

解答　1　　　解説　水熱源ヒートポンプ方式は、冷房運転と
暖房運転を混在させた熱回収運転が可能である。

87

65 冷熱源

吸収冷凍機

- □ 冷媒−水、吸収液−臭化リチウム溶液
- □ 冷凍機本体・冷却塔ともに**大型**
- □ 冷凍サイクル：蒸発器→**吸収器**→**再生**器→**凝縮器**→減圧機構→蒸発器
- □ 蒸発器：冷媒を**気化**。**冷水が取り出される**
- □ 吸収器：吸収液により**冷媒を吸収**
- □ 再生器：**加熱**により冷媒と吸収液を**分離**
- □ 凝縮器：**冷却水**により冷媒を**液化**
- □ 直焚き吸収冷温水機：1 台の機器で**冷水**と**温水**を製造。運転資格不要
- □ 二重効用：**再生**器が**高温**と**低温**に分かれている

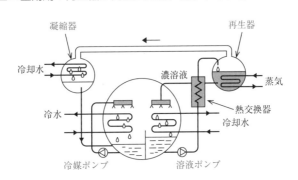

蒸気圧縮冷凍機

- □ 冷凍サイクル：蒸発器→**圧縮機**→**凝縮器**→膨張弁→蒸発器
- □ 圧縮機：**気化**した冷媒を圧縮
- □ アンモニア冷媒：**毒性**・**可燃性**がある。圧縮比が**高い**
- □ HFC 冷媒：オゾン層破壊係数ゼロ
- □ HCFC 冷媒：オゾン層破壊係数はゼロではない
- □ 成績係数：水熱源＞空気熱源

88

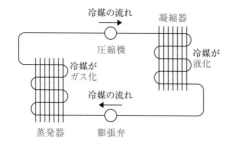

吸着冷凍機

□成績係数：一般に高くない

例題　　　　　　　　　　　　　　　　　令和元年 問題64

吸収冷凍機の構成機器として、最も不適当なものはどれか。
(1) 凝縮器
(2) 蒸発器
(3) 吸収器
(4) 再生器
(5) 膨張弁

解答 5

解説 凝縮器、蒸発器、吸収器、再生器は必須の構成機器に該当する。

66 温熱源

温熱源

- □ 水管ボイラ

  水管壁の燃焼室を有し、**蒸気、高温水**に用いられる

- □ 貫流ボイラ

  ドラムを有しない水管ボイラ

- □ 炉筒煙管ボイラ

  炉筒形の燃焼室と直管の**煙管**群で構成。大きな横型**ドラム**を有する

  保有水量が**多く**、負荷変動に対して**安定性がある**

- □ 鋳鉄製ボイラ

  高圧蒸気・大容量用途に**不適**。**セクショナル**型は**分割搬入**が可能。スケール防止のため**密閉系**で設計・使用する

- □ 真空式温水発生機

  労働安全衛生法のボイラに該当**しない**

  熱媒：**温水**

- □ ボイラ＋電動冷凍機方式：夏期と冬期の電力消費量の変化が**大きい**

例題

平成 29 年 問題 68　一部抜粋

ボイラに関する次の記述のうち、最も不適当なものはどれか。

(1) 炉筒煙管ボイラは、直径の大きな横型ドラムを本体とし、燃焼室、煙管群で構成される。

(2) 鋳鉄製ボイラは、スケール防止のため、装置系を開放系で設計・使用する。

(3) 貫流ボイラは、水管壁に囲まれた燃焼室及び水管群からなる対流伝熱面で構成される。

解答 2

解説 鋳鉄製ボイラは**密閉系**で設計・使用される。

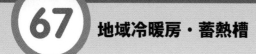

67 地域冷暖房・蓄熱槽

地域冷暖房

□大型化・集約化による効率的な運用が可能
□一定規模以上のものは、熱供給事業法の適用を受ける
□環境への負荷：地域冷暖房システム＜個別熱源システム

蓄熱槽

□時間外空調などの部分負荷への対応がしやすい
□搬送動力（ポンプ動力）の大きさ：開放式蓄熱槽＞密閉式蓄熱槽

例題　　　　　　　　　　　　　　　　　　平成 30 年 問題 62

空気調和設備の熱源方式に関連する次の記述のうち、最も不適当なものはどれか。

(1) 電動機駆動ヒートポンプ方式は、電動冷凍機とボイラを組合せる方式に比べ夏期と冬期における電力使用量の変化が小さい。

(2) 空調用蓄熱システムは、熱源装置容量の削減や夏期冷房期における電力のピークカットに寄与する。

(3) 空調用熱源として、地球温暖化防止のため太陽熱や地中熱などの自然エネルギーが注目されている。

(4) 不特定多数の需要家に熱供給する熱源プラントは、規模の大小にかかわらず熱供給事業法の適用を受ける。

(5) 蒸気ボイラと吸収冷凍機を組合せる方式は、病院・ホテルでの採用例が多い。

解答 4

解説 一定規模以上のものは、熱供給事業法の適用を受ける。

3

空気環境の調整

冷却塔

冷却塔

□開放型冷却塔：散布水ポンプが**不要**。冷却水の汚染が**ある** 冷却水の水処理が必要

□密閉型冷却塔：散布水ポンプが**必要**。冷却水の汚染が**ない** 散布水の水処理が必要

□装置の大きさ：密閉型冷却塔＞開放型冷却塔

□冷却塔の水温が下がらない原因：風量の**減少**、冷却能力に対する循環水量の**過多**

□点検：**1 カ月**以内ごとに 1 回

□多機能型薬剤：**連続**投入

□パック剤：効果は **1〜3 カ月**程度

例題

平成 30 年 問題 68

冷却塔に関する次の記述のうち、最も不適当なものはどれか。

(1) 開放式冷却塔は、密閉式冷却塔よりも一般に大型である。

(2) 空調用途における冷却塔は、主として冷凍機の凝縮熱を大気に放出するためにある。

(3) 密閉式冷却塔は、冷却水の汚染は少なく、冷凍機の性能低下が少ない。

(4) 開放式冷却塔では冷却水の水質管理、密閉式冷却塔では散布水の水質管理が重要である。

(5) 密閉式冷却塔は、開放式冷却塔に比べて一般に送風機動力が大きい。

解答 1

解説 開放式よりも密閉式のほうが大型になる。

69 空気調和機

エアハンドリングユニット
□構成要素：エアフィルタ、コイル（冷却・加熱）、ドレンパン、加湿器、送風機
□熱源装置や膨張弁は内蔵していない

冷却コイル（冷却器）・加熱コイル（加熱器）
□コイルの方式：プレートフィン式熱交換器
□設置順
　（上流）冷却コイル→加熱コイル→加湿器（下流）
□空気抜きキャップ：コイルの上部に設ける
□水抜きキャップ：コイルの下部に設ける

3

空気環境の調整

例題

令和元年 問題67

空気調和機の構成要素の上流側からの設置順として、最も適当なものは次のうちどれか。

(1) 加熱コイル ―― 冷却コイル ―― 加湿器
(2) 冷却コイル ―― 加湿器 ――――― 加熱コイル
(3) 冷却コイル ―― 加熱コイル ―― 加湿器
(4) 加湿器 ――――― 冷却コイル ―― 加熱コイル
(5) 加熱コイル ―― 加湿器 ――――― 冷却コイル

解答 3

解説 空気調和機は、上流側から冷却コイル→加熱コイル→加湿器の順で設置する。

70 加湿装置

蒸気加湿と水加湿

□蒸気方式：空気温度が降下しない

□水噴霧方式：空気温度が降下する。給水中の不純物が放出される。微生物で汚染されることがある

□加湿効率の大小：蒸気方式＞水噴霧式

主な加湿装置

□2流体スプレー式：高速空気流により水を霧化

□エアワッシャ式：多量の水を空気と接触させて気化

□滴下式：加湿材を濡らして通風気化。応答性が悪い

□近年採用される加湿方式は、気化方式が多い

例題

令和元年 問題69

加湿装置の方式に関する次の記述のうち、最も不適当なものはどれか。

(1) 気化方式は、吹出し空気の温度が降下する。

(2) 気化方式は、結露する可能性が低い。

(3) 水噴霧方式は、給水中の不純物を放出しない。

(4) 水噴霧方式は、吹出し空気の温度が降下する。

(5) 蒸気方式は、吹出し空気の温度が降下しない。

解答 3

解説 水噴霧方式は、給水中の不純物が放出される場合がある。

熱交換器

□プレート式熱交換器は、U字管式などの多管式熱交換器に
比べて、高性能・コンパクト。空調に多用
□伝熱面積の比較：多管式熱交換器＜プレート式熱交換器
□ヒートパイプ：構造が簡単で熱輸送能力の高い顕熱交換器

例題

平成30年 問題69

空気調和設備に用いられる熱交換器に関する次の記述のうち、
最も不適当なものはどれか。

(1) 代表的な空気冷却用熱交換器としては、プレートフィン
式冷却コイルがある。

(2) 空気 - 空気熱交換器は、主に排気熱の回収に用いられる。

(3) 静止型全熱交換器は、仕切り板の伝熱性と透湿性により
給排気間の全熱交換を行う。

(4) ヒートパイプは、構造・原理が単純で、熱輸送能力の高い
全熱交換器である。

(5) プレート式水 - 水熱交換器は、コンパクトで容易に分解
洗浄できるという特徴がある。

解答 4

解説 ヒートパイプは顕熱交換器である。

3

空気環境の調整

全熱交換器

- □ 回転型：吸湿性のハニカムロータを低速回転させて熱交換する
- □ 静止型：伝熱性と透湿性を持つ仕切り板により熱交換する
- □ 顕熱交換器と比べて結露を生じにくい
- □ 全熱交換器を使用したシステムには、別に外気取入系統が不要である
- □ 外気冷房時は全熱交換器を使用しない
- □ 厨房や温水プールの換気には、顕熱交換器が用いられる
- □ 静止型は、回転型よりも目詰まりを起こしやすい

例題

令和元年 問題68

全熱交換器に関する次の記述のうち、最も不適当なものはどれか。
- (1) 回転型は、静止型よりも目詰まりを起こしやすい。
- (2) 回転型は、ロータの回転に伴って排気の一部が給気側に移行することがある。
- (3) 外気負荷の軽減を目的として、空気中の顕熱・潜熱を同時に熱交換する装置である。
- (4) 静止型の給排気を隔てる仕切り板は、伝熱性と透湿性をもつ材料である。
- (5) 冬期・夏期のいずれも省エネルギー効果が期待できるが、中間期の運転には注意が必要である。

解答 1

解説 静止型は、回転型よりも目詰まりを起こしやすい。

換気設備

□第2種換気：病院の手術室など

□第3種換気：駐車場、工場、作業場など

□ボイラ室の換気：酸素供給のため第1種または第2種換気。室内を正圧

□地下駐車場の換気：排ガス除去のため第1種または第3種換気。室内を負圧

□汚染室の換気は、室圧（室内の圧力）を周囲より低くする

□給気口（外気取入口）は、冷却塔から離す

□ハイブリッド換気：自然換気と機械換気を併用

□風による換気力は、風速の2乗に比例する

□換気回数＝換気量／室容積

□1人当たり換気量：20m³/h以上

例題

平成27年 問題53

次に示すア〜エの室について、第3種換気方式が利用できる組合せはどれか。

ア 手術室

イ 感染症室

ウ クリーンルーム

エ 厨房

(1) アとイ

(2) アとウ

(3) イとウ

(4) イとエ

(5) ウとエ

解答 4

解説 第3種換気方式が使用できる室は、感染症室と厨房である。

送風機

- □ **ファン**と**ブロア**に分類。空調用は、圧力9.8kPa未満の**ファン**が多用
- □ **遠心式**：空気の流れが、軸方向から入り、径方向に出る
- □ **軸流式**：空気の流れが、軸方向から入り、軸方向に出る
- □ **斜流式**：空気の流れが、軸方向から入り、**軸に対して斜め方向**に出る
- □ **横流式**や**多翼送風機**は、**高速回転・高速ダクトに不適**
- □ 送風機の**特性曲線**：横軸－風量、縦軸－静圧
- □ **2台の送風機の直列運転**：単独運転に比べ、**静圧**が増える
- □ **2台の送風機の並列運転**：単独運転に比べ、**風量**が増える
- □ 送風機の全圧は、**回転数の2乗に比例**する
- □ **サージング**：**低風量時の不安定な振動現象**。発生時には**ダンパを開ける**
- □ **送風機の特性曲線（P）**：
  送風量を Q_A から Q_B に
  減少したい場合には、送
  風系のダンパを操作す
  ることで調整できる

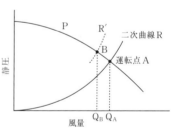

例題 1

令和元年 問題71 一部抜粋

送風機に関する次の記述のうち、最も不適当なものはどれか。

(1) 斜流式送風機は、空気が羽根車の外周の一部から入り、反対側の外周の一部に通り抜ける。

(2) 遠心式送風機は、空気が羽根車の中を軸方向から入り、径方向に通り抜ける。

(3) 軸流送風機は、空気が羽根車の中を軸方向から入り、軸方
向に通り抜ける。

解答 1 　　　**解説** 本文参照

例題2
平成30年 問題72

下の図は、送風機の運転と送風量の関係を示している。この図
に関連して、次の文章の　　　　内に入る語句の組合せとして、
最も適当なものはどれか。

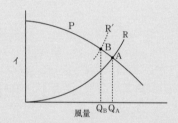

送風機の　ア　は、グラフの横軸に風量をとり、縦軸に　イ
をとって曲線Pのように示される。一方、送風系の抵抗曲線
は、同じグラフ上に、原点を通る二次曲線Rとして示される。
ここで、2曲線の交点Aは、運転点を示している。その送風量
を Q_A から Q_B に減少したい場合は、送風系の　ウ　を操作
することで調整できる。

　　　　　ア　　　　　　　イ　　　　　　　ウ
（1）特性曲線 ——— 静圧 ——— インバータ
（2）特性曲線 ——— 動圧 ——— 　ダンパ
（3）動圧曲線 ——— 動圧 ——— インバータ
（4）特性曲線 ——— 静圧 ——— 　ダンパ
（5）動圧曲線 ——— 静圧 ——— 　ダンパ

解答 4 　　　**解説** 本文参照

ダクト

□ スパイラルダクト：継目が**補強**となり、丸ダクトより強度が**優れている**

□ グラスウールダクト：吸音性が**高い**

□ 内張りダクトの消音：中・高周波は**大**きい。低周波は**小さい**

□ 防煙区画貫通部：**防煙ダンパ**（**煙感知器**連動）が設けられる

□ 防火区画貫通部：**防火ダンパ**（ケーシングの厚さ**1.5mm以上**）が設けられる

□ ダクトの設計：**等速法**－風速一定、**等圧法**－長さ当たりの摩擦損失一定

□ ダクト系統に排水**通気**管を設けてはならない

□ ダクト内粉じんの真菌・細菌の量：給気ダクト**＜**還気ダクト

□ 防煙ダンパ：**煙感知器**と連動して流路を遮断

□ 防火ダンパ：**温度ヒューズ**と連動して流路を遮断

□ 防火ダンパの温度ヒューズ溶解温度等：一般**72℃**、厨房**120℃**、排煙**280℃**

□ たわみ継手：ダクトの**振動**防止のため用いられる

例題

令和元年 問題70 一部抜粋

ダクト及びその付属品に関する次の記述のうち、最も不適当なものはどれか。

(3) グラスウールダクトには、ダクト系の騒音に対する消音効果が期待できる。

(4) 防火ダンパの羽根及びケーシングは、一般に1.5mm以上の鋼板で作成される。

(5) 厨房排気ダクト用防火ダンパの温度ヒューズ溶解温度は、280℃である。

解答 5　　**解説** 厨房排気ダクト用防火ダンパの温度ヒューズ溶解温度は120℃である。

吹出口・吸込口

吹出口・吸込口

- □軸流吹出口：**ノズル型、グリル型**など。誘引比が**小さく**、到達距離が**長い**
- □ふく流吹出口：**アネモ型**など。誘引比が**大きく**、温度分布が**均一**
- □吸込口の気流に、**指向性はない**

例題

平成30年 問題70

空気調和設備の吹出口に関する次の記述のうち、最も不適当なものはどれか。

(1) ノズル型は、軸流吹出口に分類される。

(2) パン型は、ふく流吹出口に分類される。

(3) 天井パネル型は、面状吹出口に分類される。

(4) アネモ型は、ふく流吹出口に分類される。

(5) グリル型は、面状吹出口に分類される。

解答 5

解説 グリル型は、軸流吹出口に分類される。

空気浄化装置

空気浄化装置の種類

- □ろ過式：フィルタ面に粉じんを**衝突**させる。粒子捕集率の範囲が広い
- □静電式：高圧電界による荷電および吸引吸着
- □折り込み型エアフィルタ：通過風速を遅くして、圧力損失を**低減**
- □自動更新型フィルタ：捕集効率は高くないが、保守管理が容易
- □HEPA フィルタ：粒子用**高性能**フィルタ。**クリーンルーム**用

空気浄化装置の性能

- □圧力損失：ガスフィルタ＜一般的なエアフィルタ＜ HEPA フィルタ
- □汚染除去（粉じん保持）容量の単位：kg/m² または kg/ 個
- □粉じん捕集効率

$$= \frac{上流側粉じん濃度 - 下流側粉じん濃度}{上流側粉じん濃度} \times 100 \ [\%]$$

- □粉じん捕集効率の測定法

    質量法：粗じん用、**比色法**：中性能用、**計数法**：高性能用
- □同じフィルタでも測定方法により粉じん捕集効率の数値が異なり、質量法で **90%** でも、比色法では **50%** 程度である

例題1

質量法による粉じん捕集効率75%のエアフィルタを通過した空気の粉じん濃度が0.03mg/m³であった。このときの上流側粉じん濃度として、正しいものは次のうちどれか。

(1) 0.04mg/m³
(2) 0.08mg/m³
(3) 0.10mg/m³
(4) 0.12mg/m³
(5) 0.16mg/m³

解答 4

解説 粉じん捕集効率を求める式に代入すると、

$$75 = \frac{X - 0.03}{X} \times 100 \quad \therefore X = \frac{0.03}{(1 - 0.75)} = \frac{0.03}{0.25} = 0.12$$

例題2

空気浄化装置に関する次の記述のうち、最も不適当なものはどれか。

(1) 静電式は、高圧電界により粉じんを荷電し、吸引吸着することによって捕集・除去するもので、電気集じん機が代表的な装置である。
(2) ろ過式は、慣性、拡散、さえぎりなどの作用で粉じんをろ材繊維に捕集するものをいう。
(3) HEPAフィルタやULPAフィルタは、圧力損失が大きい傾向にある。
(4) ろ過式は各種フィルタがあるが、粒子捕集率の値の範囲は狭い。
(5) 空気浄化装置は、排気系統に設置される場合もある。

解答 4

解説 ろ過式は各種フィルタがあるので粒子捕集率の範囲が**広い**。

ポンプ

- □ ターボ型：**渦巻きポンプ**、**ディフューザポンプ**など
- □ 容積型：**歯車ポンプ**、**ダイヤフラム**ポンプなど。流量は圧力に比例しない
- □ 特殊型：**渦流ポンプ**（**カスケードポンプ**）など
- □ キャビテーション：**騒音・振動**が発生し、吐出し量が**低下**する
- □ 水撃作用：**ポンプ急停止**などで発生する**圧力変動**による作用
- □ **実揚程**：実際に水をくみ上げる高さに相当する圧力
- □ **全揚程**：**実揚程**と**損失水頭**の和
- □ 有効吸込みヘッド (NPSF)：**キャビテーション**の発生を判断するのに用いられる

例題

平成 27 年 問題 78

空気調和設備のポンプ・配管に関する語句の組合せとして、最も不適当なものは次のうちどれか。

- (1) キャビテーション ――― 騒音・振動
- (2) ポンプ急停止 ――――― 水撃作用
- (3) 渦巻きポンプ ――――― 容積型
- (4) 蒸気トラップ ――――― 凝縮水の分離
- (5) ポンプの抵抗曲線 ――― 全揚程

解答 3

解説 渦巻きポンプは、**ターボ型**に分類される。

空調用配管の温度・圧力

- □冷水配管：5〜10℃、高温水配管：120〜180℃、冷却水配管：20〜40℃
- □氷蓄熱用不凍液配管：−10〜−5℃
- □低圧蒸気配管：0.1MPa未満、高圧蒸気配管：0.1〜1MPa

空調用配管と空調機器

- □冷温水管：エアハンドリングユニット、ファンコイルユニット
- □冷媒管：パッケージ型空気調和機、ビル用マルチユニット、ルームエアコンディショナ

還水方式

- □ダイレクトリターン：返り管を遠い方から近い方へ配管
- □リバースリターン：返り管を近い方から遠い方へ配管

逆止弁

- □リフト式：一般に水平配管に取り付ける。（垂直配管用のものもある）
- □スイング式：垂直配管、水平配管に取り付けることができる

冷温水配管

- □系内水温が100℃以上の場合は、開放型膨張水槽を用いない
- □機器の損失水頭：冷温水ヘッダ＜プレート式熱交換器

蒸気配管

- □金属管が用いられる。樹脂管は用いられない

継手

- □伸縮継手：配管の熱膨張対策
- □防振継手：振動防止対策

3

空気環境の調整

105

令和元年 問題 74

空気調和設備の配管・ポンプに関する語句の組合せとして、最も不適当なものは次のうちどれか。

(1) 伸縮継手 ——————— 振動防止対策
(2) 容積型ポンプ ——————— 歯車ポンプ
(3) ポンプの特性曲線 ——— 全揚程
(4) 蒸気トラップ ——————— 凝縮水の分離
(5) キャビテーション ——— 吐出量の低下、揚水不能

解答 1

解説 伸縮継手は配管の**熱膨張対策**に用いられる。

例題 2

平成 30 年 問題 73

空気調和設備に用いられる配管の種類とそれに使用する温度又は圧力との組合せとして、最も不適当なものは次のうちどれか。

(1) 氷蓄熱用不凍液配管 ——— – 10 ～ – 5℃
(2) 冷水配管 ——————— 5 ～ 10℃
(3) 冷却水配管 ——————— 20 ～ 40℃
(4) 高温水配管 ——————— 120 ～ 180℃
(5) 低圧蒸気配管 ——————— 0.1 ～1MPa

解答 5

解説 低圧蒸気配管の圧力は、0.1MPa 未満である。

80 温熱環境の測定

学習 /

乾湿計（アウグスト乾湿計・アスマン通風乾湿計）

- □乾球温度の値≧湿球温度の値
- □蒸留水により湿球を湿潤させる

グローブ温度計

- □黒色の薄銅製の中空球体中の温度を計測し、熱放射の影響を測定する
- □グローブ温度計の値が大きくなると、平均放射温度 (MRT) は大きくなる
- □気流の影響も受けるので、気流の大きいところは不適

その他の温度計

- □サーミスタ温度計：温度による金属（白金など）や半導体の電気抵抗の変化を利用
- □バイメタル温度計：2種類の金属（バイメタル）の膨張率の差を利用

風速計

- □熱線式：気流に奪われる熱が風速に比例する原理を利用
- □超音波式：超音波の伝搬時間と気流との関係を利用

3

空気環境の調整

例題

令和元年 問題77 一部抜粋

温熱環境要素の測定器に関する次の記述のうち、最も不適当なものはどれか。

(2) サーミスタ温度計は、電気抵抗の変化を利用するものである。

(3) アスマン通風乾湿計の乾球温度は、一般に湿球温度より高い値を示す。

(4) グローブ温度計は、気流変動の大きいところでの測定に適している。

解答 4　　　解説 本文参照

81 空気環境物質の測定法

空気環境物質の測定法

- □ 紫外線蛍光法、溶液導電率法：**硫黄（イオウ）酸化物**
- □ 化学発光法：**窒素酸化物**
- □ ザルツマン法：**窒素酸化物**
- □ X線回析分析法：**アスベスト**
- □ エライザ（ELISA）法：**ダニアレルゲン**
- □ オルファクトメータ法：**臭気**
- □ ガルバニ電池法：**酸素**
- □ 紫外線吸収法：**オゾン、酸素**
- □ 赤外線吸収法：**二酸化炭素**

揮発性有機化合物の測定法

- □ アクティブ法：ポンプによるサンプリング。**燃料電池法**など
- □ パッシブ法：分子の**拡散現象**を利用して採取。ポンプを使用しない
- □ DNPH含浸チューブ-HPLC法：パッシブ法。妨害ガスの影響を受けやすい
- □ AHMT吸光光度法（光電光度法）：妨害ガスの影響を受けにくい
- □ 測定感度の比較：溶媒抽出法＜加熱脱着法
- □ TVOC（Total VOC）の測定は、**アクティブ法**による

例題　　　　　　　　　　　　　令和元年 問題78　一部抜粋

空気環境の測定に関する次の記述のうち、最も不適当なものはどれか。

(1) 酸素の測定には、紫外線吸収法がある。

(3) イオウ酸化物の測定には、溶液導電率法がある。

(4) オゾンの測定には、半導体法がある。

解答 1　**解説** 酸素の測定にはガルバニ電池法などが用いられる。

風量・換気量の測定

□ピトー管：ベルヌーイの定理より、全圧と静圧の差から動圧を求め、風速を算出

□オリフィス：前後の圧力差よりダクト内の流量を測定

□マノメータ：Ｕ字管により圧力差を測定

□トレーサガス減衰法：換気効率の測定

例題

平成 24 年 問題 82

室内空気環境の測定に関する次の組合せのうち、最も不適当なものはどれか。

(1) 温度 ――――― 熱電対

(2) 相対湿度 ――― アスマン通風乾湿計

(3) 気流 ――――― サーミスタ

(4) 換気回数 ――― トレーサガス

(5) 熱放射 ――――― ピトー管

解答 5

解説 熱放射は、グローブ温度計で計測する（p107 参照）。ピトー管は風速を測定するもの。

3

空気環境の調整

汚染物質濃度の単位

□ トルエン− mg/m³ など
□ 臭気− ppm、ppb など
□ アスベスト− f/L、本 /L など
□ ダニアレルゲン− ng/m³ など
□ 細菌− CFU/m³ など
□ オゾン− ppm など

例題 1

令和元年 問題 79　一部抜粋

汚染物質とその単位の組合せとして、最も不適当なものは次の
うちどれか。

(1) キシレン濃度 ——— $\mu g/m^3$

(2) 浮遊細菌濃度 ——— CFU/m^3

(3) オゾン濃度 ——— Sv

解答 3

解説 オゾン濃度の単位は ppm などが用いられる。Sv は人が受け
る被曝線量の単位である。

例題 2

平成 30 年 問題 79　一部抜粋

空気汚染物質とその濃度又は強さを表す単位との組合せとし
て、最も不適当なものは次のうちどれか。

(3) アスベスト ——— 本 /L

(4) ダニアレルゲン ——— Bq

(5) 浮遊粉じん ——— mg/m³

解答 4

解説 ダニアレルゲンの濃度の単位は ng/m³ などが用いられる。Bq
は放射性物質の放射能の量を表す単位である。

粉じんの測定

□測定対象の粉じん濃度：**相対沈降径が 10μm 以下の質量濃度**

□**ピエゾバランス粉じん計**

圧電天秤の原理。粉じんを**静電沈着**させ、粉じん量の増加に伴い、**振動数（周波数）が減少**することを利用

□**光散乱式**：試料空気中の**散乱光の強度**により**相対濃度**を測定。出力値は **cpm**

□光散乱粉じん計の相対濃度の測定

$$C = KA(R-D)$$

C：浮遊粉じん濃度 [mg/m³]
K：標準粒子に対する 1cpm 当たりの粉じん濃度 [mg/m³]
A：較正係数（通常 1.3）　R：1 分間当たりの測定カウント数 [cpm]
D：バックグランド値（ダークカウント値）[cpm]

3
空気環境の調整

例題

平成 29 年 問題 82　一部改変

光散乱式の粉じん計を用いて室内の浮遊粉じんの相対濃度を測定したところ、6 分間当たり 120 カウントであった。この粉じん計のバックグランド値は 1 分間当たり 6 カウントで、標準粒子に対する感度が 1 分間 1 カウント当たり 0.001mg/m³、室内浮遊粉じんに対する較正係数が 1.3 であるとする。このときの室内浮遊粉じんの濃度 [mg/m³] を求めよ。

解答　0.0182 [mg/m³]

解説　$C = KA(R-D)$

$$C = 0.001 \times 1.3 \times \left(\frac{120}{6}-6\right) = 0.0182 \, [\text{mg/m}^3]$$

85 試運転調整・維持管理・節電

空調設備の試運転調整

- □ 水配管は、管内の排水が澄んでくるまでブローし、配管用炭素鋼管 (黒管) 使用の場合は清掃終了後、管内に**水を張って**さびの発生を抑える
- □ 機器の回転部分の軸受などにグリース・潤滑油を供給し、数時間運転した後、油を取り換えておく

維持管理

- □ 粉じん計の較正：1年に1回、大臣の**登録**を受けた者の較正を受ける
- □ **物理**的劣化：物理的変化による劣化
- □ **社会**的劣化：社会の要求機能との乖離

節電対策

- □ 夏期に、冷凍機の冷水出口温度を**上昇**させる
- □ 冬期に、ボイラの温水出口温度を**低下**させる
- □ 通期に、冷凍機の冷却水入口温度を**低下**させる

例題

平成30年 問題81 一部抜粋

空気調和・換気設備の維持管理に関する次の記述のうち、最も不適当なものはどれか。

(1) 物理的劣化とは、機器の持つ機能と時代とともに高度化していく要求機能との乖離（かい）が次第に大きくなることをいう。

(2) 点検、整備、検査、修理を行う業務は保全業務に位置づけられる。

(3) 予防保全は、部品の劣化を保全計画に組み入れて計画的に修理、交換する方法である。

解答 1

解説 (1) は社会的劣化である。

86 光環境と照明

光環境

□ 設計用全天空照度：快晴よりも薄曇りの方が高い

□ 光度：単位立体角あたりから放出される光束。単位は [cd]

□ 輝度：光度を観測方向から見た見かけの面積で割った値。単位は [cd/m²]

□ 照度：単位面積あたりに入射する光束。単位は [lx]

□ 発光効率：消費電力当たりの光束。単位は [lm/W]

□ 照明率：光源から出る光束のうち、被照射面に達する光束の割合
光源の設計光束維持率の影響を受けない
照明器具の清掃間隔の影響を受けない

□ 保守率：灯照射面の照度が時間の経過とともに低下してくる割合
照明器具の清掃間隔の影響を受ける
照明器具構造の影響を受ける

□ 色温度が高くなると青白い光となり、演色評価数は高くならない

□ 昼光率：ある点の照度の直射日光を除いた全天空照度の割合。
窓ガラスの透過率の影響を受ける
直接昼光率は、室内の表面の反射率の影響を受けない
間接昼光率は、室内の表面の反射率の影響を受ける

□ 採光量
天窓 (天井面についている窓) ＞側窓 (壁面についている窓)

□ 照明均斉度：最低照度と最高照度の比

□ 演色評価数：100 に近いほど基準光源とのずれが小さい

照明器具

□ 白熱電球：温度放射により発光。寿命は 1,000 時間程度で蛍光ランプより短い

3

空気環境の調整

113

□ハロゲン電球：発光原理は**温度放射**。蛍光ランプより寿命が**短い**

□高圧ナトリウムランプ：点灯姿勢の影響を**受けにくい**

□水銀ランプ：点灯姿勢の影響を**受けやすい**

□HID（高輝度放電）ランプ：**高圧水銀ランプ、メタルハライドランプ、高圧ナトリウムランプ**が含まれる

□コーニス照明：**間接照明の一種**

□ブラケット：壁に取り付ける照明器具

□ダウンライト：天井に埋め込む照明器具

□交換方式

　個別交換方式：不点灯を都度交換する。**人件費がかさむ**

　個別的集団交換方式：不点灯を都度交換し、定期に全交換

　集団交換方式：不点灯になっても交換せず、定期に全交換。**大規模で交換が困難**な場所に適す

設計光束維持率と曲線

□設計光束維持率：**時間経過**による照度低下を補償する係数。光源の**初期光束**と**交換直前の光束**の比

□設計光束維持率曲線

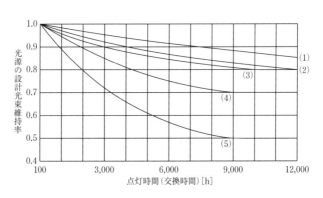

（1）**高圧ナトリウムランプ**　　（2）**蛍光水銀ランプ**

（3）**蛍光ランプ**　　　　　　　（4）**メタルハライドランプ**

（5）**メタルハライドランプ（低始動電圧形）**

例題1

令和元年 問題86 一部抜粋

測光量に関する次の文章の ___ 内に入る語句の組合せとして、最も適当なものはどれか。

「照度は ア 当たりに入射する光束であり、単位は通常 イ と表される。光度は ウ 当たりから放出される光束であり、単位は通常 エ と表される。」

	ア	イ	ウ	エ
(1)	単位面積	lx	単位立体角	cd/m^2
(2)	単位面積	lx	単位立体角	cd
(3)	単位面積	lm	単位立体角	cd

解答 2   **解説** 本文参照

例題2

平成30年 問題88

各種光源の相対分光分布を右の図中に示している。最も適当な組合せは次のうちどれか。

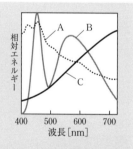

相対エネルギー

波長[nm]

	A	B	C
(1)	白熱電球	照明用LED	北の青空光
(2)	白熱電球	北の青空光	照明用LED
(3)	北の青空光	照明用LED	白熱電球
(4)	北の青空光	白熱電球	照明用LED
(5)	照明用LED	白熱電球	北の青空光

解答 3

解説 Aは北の青空光、Bは照明用LED、Cは白熱電球である。

点光源による照度

□光源直下の照度

光源 A による被照射面 P の照度 E は、距離の 2 乗に反比例する

$$E = \frac{I}{h^2} \, [\text{lx}]$$

E：照度 [lx]　I：光源の光度 [cd]　h：距離 [m]

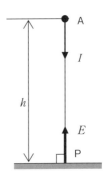

□光源から水平方向に離れた面の照度

法線照度　$E_n = \dfrac{I_\theta}{p^2} \, [\text{lx}]$

平均面照度　$E_h = E_n \cos \theta$

θ：入射角
I_θ：θ 方向の光度

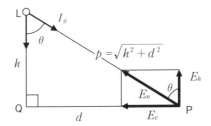

平均照度

$$E = \frac{FMUN}{A} \, [\text{lx}]$$

E：照度 [lx]　A：床面積 [m^2]
F：1 灯当たりの光束 [lm]
N：灯具数　U：照明率
M：保守率

例題 1

点光源直下 3.0m の水平面照度が 500lx である場合、直下 1.0m の水平面照度として、最も近いものは次のうちどれか。

(1)　1,500lx

(3)　3,000lx

(4)　4,500lx

解答 4

解説 照度は光源からの距離の2乗に反比例する。

3m から 1m に近づくと距離は $\frac{1}{3}$ となる。$\frac{1}{3}$ の2乗は $\frac{1}{9}$ である。

照度は $\frac{1}{9}$ に反比例するので、9倍となる。したがって、500×9＝4,500 [lx] となる。

例題 2

ある部屋の作業面の必要照度が 500lx であった。ランプ1灯当たりの光束が 2,500lm のランプの灯数として、最も近いものは次のうちどれか。

ただし、その部屋の床面積は 50m^2、照明率を 0.6、保守率を 0.7 とする。

(2)　9灯

(3)　12灯

(5)　24灯

解答 5

解説 ランプの灯数 (N) は、

$$N = E \times \frac{A}{FMU}$$

で表される。よって、

$$500 \times \frac{50}{2500 \times 0.7 \times 0.6} \fallingdotseq 23.8 < 24 \, [灯]$$

音・振動

音

- □音の強さは、音速・空気密度が一定ならば、**音圧**の２乗に比例
- □音速＝**波長×周波数**
- □空気中の音速は気温が上昇すると**増加**
- □**固体伝搬音**：ダクト・管路系の**振動**に起因する音
- □**空気伝搬音**：窓・壁・すき間を**透過**する音。ダクト内を**伝搬**する音
- □**重量床衝撃音**：**人が飛び跳ねる**音。低周波数域に主成分
- □**軽量床衝撃音**：**食器を落とした**音。高周波数域に主成分。床仕上げ材の**弾性**に影響される
- □**広帯域騒音**：広い**周波数成分**を含む騒音
- □**暗騒音**：騒音対象以外の音
- □騒音測定・振動測定は暗騒音・暗振動が**小さい**ときに実施
- □壁の重量を大きくすると、透過損失が**増加**する（＝透過しにくい）
- □**コインシデンス効果**：透過損失が**減少**する（＝透過し**やすい**）
- □**合わせガラス**は、**低音**域で遮音性能が低くなる
- □複数の断面仕様の異なる部材で構成される壁の透過損失は、**総合透過損失**を用いる。
- □吸音率＝$\dfrac{透過音響エネルギー＋吸収音響エネルギー}{入射音響エネルギー}$
- □要求される遮音性能：**録音スタジオ**のほうがコンサートホールよりも**高い**。

振動

- □全身振動の感じやすさ　**低周波数＞高周波数**
- □機器と防振系の固有振動数が**近い**と共振しやすく、防振効果が低下
- □防振のため、防振系の基本固有周波数を機器の加振周波数の$1/\sqrt{2}$倍よりも**小さく**設定

□空気調和設備による振動：連続的かつ周期的
□風による建物の振動：規則的な長周期振動
□不規則かつ大幅に変動する場合の振動レベルは、測定値の
　80%レンジの上端の数値とすること（振動規制法）

3 空気環境の調整

例題 1
令和元年 問題83　一部抜粋

遮音に関する次の記述のうち、最も不適当なものはどれか。
(2)　複層壁の場合、共鳴によって音が透過することがある。
(3)　軽量床衝撃音は、床仕上げ材を柔らかくすることで軽減
　　できる。
(4)　複数の断面仕様の異なる部材で構成される壁の透過損失
　　は、最も透過損失の大きい構成部材の値を用いる。

解答　4
解説　総合透過損失の値を用いる。

例題2
令和元年 問題84

振動に関する次の記述のうち、最も不適当なものはどれか。
(1)　空気調和機による振動は、定常的で変動が小さい。
(2)　風による建物の振動は、不規則である。
(3)　環境振動で対象とする周波数の範囲は、鉛直方向の場合、
　　1〜80Hzである。
(4)　不規則かつ大幅に変動する振動のレベルは、時間率レベ
　　ルで表示する。
(5)　防振溝は、溝が深いほど、また、溝が振動源に近いほど効
　　果が大きい。

解答　2
解説　風による建物の振動は、規則的である。

音圧レベル

- □ 同じ騒音レベルの2つの音を合成すると、元の騒音レベルより約3dB増加する
- □ 2つのA [dB] の騒音の合成は、約A+3[dB] となる
- □ 4つのB [dB] の騒音の合成は、
  約B+3+3 = B+6[dB] となる
- □ 6つのC [dB] の騒音の合成は、
  $C+10\log_{10}6 = C+10\log_{10}2+10\log_{10}3$
  $\fallingdotseq C+8$ [dB] となる
- □ 8つのD [dB] の騒音の合成は、
  約D+3+3+3 = D+9 [dB] となる
- □ 点音源の減衰：距離が2倍になると約6dB減衰する。距離が10倍になると約20dB減衰する
- □ 線音源の減衰：距離が2倍になると約3dB減衰する。距離が10倍になると約10dB減衰する
- □ 面音源の伝搬特性：0（面音源）a/π（線音源）b/π（点音源）dの減衰特性を示す

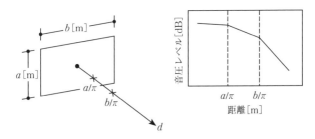

- □ 音響透過損失

$$= 10\log_{10}\frac{入射音響エネルギー}{透過音響エネルギー}$$

$$=入射音圧レベル-透過音圧レベル [dB]$$

□床衝撃音の遮音等級：床衝撃音レベルは小さい方がよい
□壁透過音の遮音等級：壁の音響透過損失レベルは大きいほうがよい

例題 1

音圧レベル 70dB の音源室と面積 10m^2 の隔壁で仕切られた等価吸音面積（吸音力）20m^2 の受音室の平均音圧レベルを 40dB にしたい。このとき、隔壁の音響透過損失として確保すべき値に最も近いものは次のうちどれか。

なお、音源室と受音室の音圧レベルには以下の関係がある。

$$L1 - L2 = TL + 10 \log_{10} \frac{A2}{Sw}$$

ただし、$L1, L2$ は、音源室、受音室の平均音圧レベル [dB]、$A2$ は、受音室の等価吸音面積 [m^2]、Sw は、音の透過する隔壁の面積 [m^2]、TL は、隔壁の音響透過損失 [dB] である。

ただし、$\log_{10}2 = 0.3010$、$\log_{10}3 = 0.4771$ とする。

(1) 24dB
(2) 27dB
(3) 30dB
(4) 33dB
(5) 43dB

解答 2

解説
$$L1 - L2 = TL + 10 \log_{10} \frac{A2}{Sw}$$

$$TL = L1 - L2 - 10 \log_{10} \frac{A2}{Sw}$$

$$= (70 - 40) - 10 \log_{10} \frac{20}{10}$$

$$= 30 - 10 \log_{10} 2 = 30 - 3.010 \fallingdotseq 27 \, [\text{dB}]$$

3

空気環境の調整

例題2

上階で発生させた軽量床衝撃音の床衝撃音レベルを下室にて周波数ごとに測定した結果、63Hz で 78dB、125Hz で 75dB、250Hz で 75dB、500Hz で 73dB、1,000Hz で 67dB、2,000Hz で 64dB、4,000Hz で 64dB であった。この床の遮音等級として、最も適当なものは次のうちどれか。下図の床衝撃音レベルに関する遮音等級の基準周波数特性を用いて求めよ。

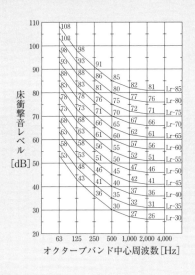

(1) Lr − 75

(2) Lr − 70

(3) Lr − 65

(4) Lr − 60

(5) Lr − 55

解答 1

解説 床衝撃音レベルは小さい方が望ましい。図中の測定結果をプロットした点がすべて下回っている曲線のうち最も低い位置にある曲線は Lr-75 である。

90 自動制御

自動制御

□ **比例制御**：操作量を動作信号の現在値に**比例**させる

□ **二位置制御**：上限値・下限値による**オンオフ**制御

□ **サーモスタット**：**温度**調節

□ **ヒューミディスタット**：**湿度**調節

□ **バイメタル**：線膨張係数の異なる2種類の金属。二位置制御に用いられる

□ **外気制御**

予冷・予熱運転時には、外気取入れを**停止**する

二酸化炭素濃度により、外気取入量を制御する

外気と室内の**エンタルピー**により、外気冷房を制御する

外気湿球温度が低下すると、冷凍機の成績係数が**上昇**する

例題

平成24年 問題90

空気調和設備の自動制御機器として利用される検出器に関する次の文章の ☐ 内に入る語句の組合せとして、最も適当なものはどれか。

☐ ア ☐ は、線膨張係数が異なる2種類の薄い金属板を貼り合わせ、周囲の温度変化による金属の伸縮差を利用し、電気式調節器の ☐ イ ☐ 制御に利用される。

	ア	イ
(1)	ベローズ	比例
(2)	白金測温抵抗体	比例
(3)	ダイヤフラム	二位置
(4)	バイメタル	二位置
(5)	リモートバルブ	積分

解答 4

解説 本文参照

第 4 章

建築物の
構造概論

建築物の用語と単位

建築物の用語と単位

- □**ストリートキャニオン**：建築物にはさまれた半閉鎖空間。熱や汚染物質の拡散能力が低い
- □**ライフサイクル**：設備の計画、設計、製作、運用、保全、廃棄、再利用の**すべての**段階・期間
- □**インバータ制御**：電動機の**回転数**制御。省エネ対策
- □**コージェネレーション**：発電の排熱を暖房・給湯に利用。熱電併給
- □**サスティナブル**：持続可能なこと
- □**ディベロップメント**：開発
- □**サンクンガーデン**：**地下空間の広場や庭園**。風害対策
- □**デューディリジェンス**：不動産などの調査・評価活動
- □**マグニチュード**：地震のエネルギーの大きさ
- □**リノベーション**：機能改善など付加価値のある**改修**
- □BEMS：ビルエネルギー管理システム
- □CASBEE：建築物の**環境**性能評価
- □COP：冷凍機などの成績係数
- □ESCO：**エネルギー**に関する種々のサービスの総称
- □接頭語

   G（ギガ）：10^9、M（メガ）：10^6

   k（キロ）：10^3、h（ヘクト）：10^2

   c（センチ）：10^{-2}、m（ミリ）：10^{-3}

   μ（マイクロ）：10^{-6}、n（ナノ）：10^{-9}

例題1　　　　　　　　　　　　　　　令和元年 問題91　一部抜粋

都市の熱環境に関する次の記述のうち、最も不適当なものはどれか。

(3)　熱帯夜とは、夕方から翌朝までの最低気温が25℃以上の日をいう。

(4)　ストリートキャニオンは、風の弱い日にも熱や汚染物質の拡散能力が高い。

(5)　都市化により、都市の中心部の気温が郊外と比較して高くなる現象をヒートアイランド現象という。

解答 4
解説 本文参照

例題2　　　　　　　　　　　　　　　平成29年 問題105　一部抜粋

建築物の管理に関する次の記述のうち、最も不適当なものはどれか。

(1)　ライフサイクルは、JISの設備管理用語によると「設備の製作、運用、保全」と定義されている。

(2)　エネルギー管理に推奨されるPDCAサイクルの活用には、見える化機能が有効である。

(3)　ファシリティマネージメントは、コストと品質の最適化バランスを目的としている。

解答 1
解説（1）ライフサイクルは、「設備の製作、運用、保全」ではなく、「設備の計画、設計、製作、運用、保全、廃棄、再利用のすべての段階・期間」と定義されている。

日射

☐ 夏至の1日の日射受熱量が最多となる面：**水平面**

☐ 夏至の1日の日射受熱量の比較：**東西面＞南面**

☐ 冬至の1日の日射受熱量が最多となる面：**南面**

☐ 窓のブラインド：**外付け**のほうが室内付けより熱取得が**小さい**

☐ 日射遮へい係数

$$= \frac{各種ガラスや窓付属物が付いた場合の日射熱取得}{3mm厚の透明フロート板ガラスの日射熱取得}$$

☐ 日射反射率：**樹木の緑葉＜コンクリート**

☐ 温室効果：**赤外線が二酸化炭素に吸収され生じる**

例題
令和元年 問題93

日射・日照及びその調整手法に関する次の記述のうち、最も不適当なものはどれか。

(1) 樹木の緑葉の日射反射率は、コンクリートに比べて大きい。

(2) ライトシェルフとは、部屋の奥まで光を導くよう直射日光を反射させる庇である。

(3) オーニングとは、窓に取り付ける日除けの一種である。

(4) 照返しの熱量は、照返し面での日射反射量と、その面での熱放射量とに分けられる。

(5) 内付けブラインドの日射遮蔽効果は、外付けブラインドに比べて小さい。

解答 1

解説 樹木の緑葉の日射反射率はコンクリートよりも小さい。

93 計画・設計・生産

計画・設計・生産

- □建築生産は、製造業の見込み生産と異なり、注文生産・一品生産・現場生産がほとんど
- □工事監理とは工事が設計図書どおりに実施されているかを確認すること。設計者が建築主の委託を受けて代行することが多い
- □躯体工事：鉄筋工事、鉄骨工事、コンクリート工事など仮設工事・防水工事は除外
- □現寸図：建築基準法上に基づく設計図書から除かれている
- □建築面積：建物の水平投影面積（上から見た面積）。壁・柱の中心線で囲まれた面積
- □延べ面積：各階の床面積の合計
- □容積率：$\dfrac{延べ面積}{敷地面積}$
- □センターコア：コア（共用部分）を中心に配置
- □片寄せコア：コア（共用部分）を片寄せして配置。高層建築物に不適
- □レンタブル比：$\dfrac{貸室面積}{床面積} \times 100$ [%]

  レンタブル比が大きいと採算性が高い
- □フリーアクセスフロア：OA 機器の配線を考慮した二重構造の床

4

建築物の構造概論

129

平成 29 年 問題 93

建築物の計画と設計に関する次の記述のうち、最も不適当なものはどれか。

(1) 街路や広場などに面する建築物の正面をなす外観をファサードという。

(2) スケルトン・インフィル建築物とは、建築躯体と設備・内装仕上げ等を分離した工法による建築物である。

(3) コンペティションとは、設計者の選定方式の一つである。

(4) 多目的ホールに用いられる可動席の床をフリーアクセスフロアという。

(5) テクスチャとは、材料の質感、材質感のことである。

解答 4

解説 フリーアクセスフロアは二重構造の床であり可動床ではない。

平成 28 年 問題 104

建築基準法の建築物の制限に関する次の記述のうち、最も不適当なものはどれか。

(1) 建築面積は、壁、柱等の内側で囲まれた部分の水平投影面積で求められる。

(2) 敷地面積は、土地の高低差にかかわらず水平投影面積として求められる。

(3) 建ぺい率とは、建築面積を敷地面積で除した比である。

(4) 容積率とは、建築物の延べ面積を敷地面積で除した比である。

(5) 建築物高さの制限として、北側高さ制限がある。

解答 1

解説 建築面積は、壁、柱等の中心線で囲まれた部分の水平投影面積で求められる。

設計図書・表示記号

□建築図記号

記号	名称	記号	名称
▬ ⌐ ▬	出入口一般	▬‐‐‐‐▬	シャッター
⌐Ⅴ⌐	両開き扉	⌐Ⅴ⌐	両開き防火戸および防火壁
⌐◡	片開き扉	▬▬	窓一般
⌐⊗⌐	回転扉	▬═▬	はめ殺し窓、回転窓、滑り出し窓、突き出し窓(開閉方法を記入)
⌐⋈⌐	自由扉	▬═▬	上げ下げ窓
▬⌒⌒▬	折り畳み戸	▽	両開き窓
▬‐▬	伸縮間仕切り	▽	片開き窓
▬‐+‐▬	引き違い戸	▬═▬	引き違い窓
▬⌒▬	片引き戸	▬═▬	格子付き窓
▬‐□▬	引き込み戸	▬▬	網窓
▬ ▬	雨戸	⊠	吹抜
▬‐‐‐▬	網戸	階段	階段

4

建築物の構造概論

□仕様書の記載事項:成分・施工方法・品質・性能など。積算は記載しない
□立面図:建築物の東西南北4面の垂直断面投影図
□詳細図:主要部分の拡大図
□展開図:室内より北、東、南、西の四方を時計回りに描いた投影図

□矩計図：垂直方向の各部の寸法の基準や基準詳細を示す

□日影曲線：棒の影の先端が1日に描く曲線

□日影図：直達日射による建築物の影の形状を1日の時間ごとに描いた図

□配置図：**敷地内**の**建物**の配置を示した図

例題1

建築士法で定義している設計図書に含まれないものは、次のうちどれか。

(1) 建具表

(3) 配置図

(5) 現寸図

解答 5

解説 現寸図は設計図書に**含まれない**。

例題2

建築物の設計図書に関する次の記述のうち、最も不適当なものはどれか。

(2) 配置図は、部屋の配置を示した図である。

(3) 立面図は、建築物の外観を示した図である。

(4) 断面図は、建築物の垂直断面を投影した図である。

解答 2

解説 配置図は敷地内の建物の配置を示した図である。

基礎・構造

- □ べた基礎：底板一面で支える基礎。地耐力が弱い地盤に用いられる
- □ 連続フーチング基礎：低層建築物に用いられる
- □ ラーメン構造：柱と梁を剛接合した構造
- □ トラス構造：部材を三角形状にピン接合した構造。部材には軸方向力のみ加わる
- □ シェル構造：薄い曲面板からなる構造
- □ 壁式構造：主要抵抗要素が板状の部材。低層の集合住宅に多用
- □ 免震構造：基礎部分などにダンパ等を設置。揺れを上部構造に伝達させない
- □ 制震構造：各階などにダンパ等を設置
- □ プレストレストコンクリート：圧縮力を導入したコンクリート
- □ 普通コンクリート：圧縮強度 20N/mm² 程度。空気中の CO_2 により中性化。ひび割れは、隅角部や開口部に発生しやすい
- □ 層間変形角：各階の層間変異をその高さで除した値。地震力を受けたときの建物の変形についての規定
- □ 剛性率：立体的なバランスに対する規定
- □ 筋かい：垂直構面に入れる斜材。地震力などの水平荷重に抵抗
- □ 弾性：変形が元に戻る
- □ 塑性：変形が元に戻らない
- □ 地盤の地耐力：沖積層＜第三紀層

4

建築物の構造概論

例題1

建築物の基礎構造と地盤に関する次の記述のうち、最も不適当なものはどれか。

(1) 異種の基礎構法の併用は、原則として禁止されている。
(2) 沖積層の地耐力は、第三紀層に比べて大きい。
(3) 液状化は、埋立地や砂質地盤などで生じやすい。
(4) フーチングは、柱又は壁を支える鉄筋コンクリートの基礎の広がり部分をいう。
(5) 地盤の短期に生ずる力に対する許容応力度は、長期に生ずる力に対する許容応力度の2倍とする。

解答 2

解説 沖積層の地耐力は第三紀層より小さい。

例題2

建築物の構造に関する次の記述のうち、最も不適当なものはどれか。

(1) 折板構造の応力は、主として面内力である。
(2) トラス構造の部材に生じる応力は、曲げモーメントとせん断力である。
(3) 壁式構造の組積式には、れんが造、補強コンクリートブロック造がある。
(4) 空気膜構造は、膜面に張力を与えている。
(5) 制振構造は、建物の揺れを制御し、低減しようとする構造である。

解答 2

解説 トラス構造の部材には**軸応力**のみ生じる。

96 構造力学

構造力学

□曲げモーメント：部材を湾曲させるように作用する力

□せん断力：面をずれさせるように作用する力

□等分布荷重の作用する片持ち支持梁のせん断力：**支持端**が最大

□単純支持形式：**回転端－移動端**

□固定荷重：人間・家具などの積載荷重を含まない

□積載荷重の比較

地震力算出用＜構造計算用

床設計用＞架構（大梁など）設計用

住宅＜教室＜事務室（床の構造計算をする場合）

住宅＜事務室＜教室（地震力を計算する場合）

4

建築物の構造概論

例題

令和元年 問題96

建築物の荷重又は構造力学に関する次の記述のうち、最も不適当なものはどれか。

(1) 床の構造計算をする場合の積載荷重は、地震力を計算する場合の積載荷重より大きく設定されている。

(2) 土圧や水圧は、常時荷重に分類されている。

(3) 反力は、建築物に荷重が作用した場合、作用荷重に対応して支点に生じる力である。

(4) せん断力は、部材内の任意の面に作用して、面をずれさせるように作用する力である。

(5) 等分布荷重の作用する片持支持梁のせん断力は、梁中央で最も大きい。

解答 5

解説 等分布荷重の作用する片持支持梁のせん断力は、**支持端**が最も大きい。

熱性能

□建築材料の熱伝導率

コンクリート>板ガラス>**石膏ボード**>木材（合板）>

断熱材（ウレタンフォーム・グラスウール）

鋼材<アルミニウム材料

□鋼と木材の比熱

質量比熱（kJ/kg・℃）：鋼<木材

容積比熱（kJ/m^3・℃）：鋼>木材

□コンクリートと鋼の熱膨張係数：コンクリート≒鋼

□熱容量の**大きい**材料は日射熱を蓄熱しやすい

例題

平成27年 問題97

建築材料の熱伝導率が、大きい順に並んでいるものは次のうちどれか。

	熱伝導率が大きい	熱伝導率が小さい

(1) コンクリート > 硬質ウレタンフォーム > 板ガラス > 木材

(2) コンクリート > 板ガラス > 硬質ウレタンフォーム > 木材

(3) コンクリート > 板ガラス > 木材 > 硬質ウレタンフォーム

(4) 板ガラス > コンクリート > 木材 > 硬質ウレタンフォーム

(5) 板ガラス > コンクリート > 硬質ウレタンフォーム > 木材

解答 3

解説 本文参照

建築材料

□建築材料の密度：鋼材＞**アルミニウム**＞コンクリート＞合板
□アルミニウム：比重は鉄の**1/3**
□カーテンウォール：**非耐力壁**
□鋼材：炭素量が増すとじん性が低下する
□コンクリート：**セメント、水、砂、砂利**を混合。圧縮強度、耐火性が高い
□普通コンクリート：
　単位体積当たりの質量約**2,300kg/m³**
□軽量コンクリート：
　単位体積当たりの質量**1,500〜1,900kg/m³**
□テラゾ：人造大理石。床の仕上げ材等に用いられる
□熱線吸収板ガラス：**色ガラス**
□ブリージング：コンクリート打設後、表面に浮上する**水**
□レイタンス：コンクリート打設後、表面に浮上する**泥状物質**
□木材：**400〜470℃**で自然発火。引火点は**240〜270℃**
□木材の気乾状態（大気と平衡状態）の含水率：**15〜20%**
□モルタル：**セメント、水、砂**を混合
□トタン：鋼材に**亜鉛**めっき
□ブリキ：鋼材の**すず**めっき

4 建築物の構造概論

例題

令和元年 問題98 一部抜粋

建築材料の性質に関する次の記述のうち、最も不適当なものはどれか。

(1) 木材の気乾状態の含水率は、25〜30% である。

(2) 木材の引火点は、240〜270℃ 程度である。

(3) 高強度鋼は、軟鋼より伸びが小さい。

解答 1 　　解説 本文参照

輸送機器

□エスカレータの定格速度

勾配 8 度以下：50m/min 以下

勾配 8 度超 30 度以下：45m/min 以下

勾配 30 度超 35 度以下：**30**m/min 以下

□非常用エレベーター：高さ **31**m を超える建築物は、**建築基準法**により設置義務。消防隊用

□油圧式：昇降高さと速度に制限がある。低層用

□**ロープ**式：速度制御が広範囲に可能。中・高層用に多用

□エレベータ火災管制：**避難**階に停止

□エレベータ地震管制：**最寄り**階に停止

電気設備

□電圧区分（交流）：高圧 600V 超え 7,000V 以下、特別高圧 7,000V 超

□建築設備のファン、ポンプには**交流**電動機が多用

□非常用の照明装置：**建築基準法**に定められている

例題

令和元年 問題 100　一部抜粋

電気設備に関する次の記述のうち、最も不適当なものはどれか。

(1)　「非常用の照明装置」は、停電を伴った災害発生時に安全に避難するための設備で、消防法により設置場所・構造が定められている。

(2)　インバータ制御は、交流電動機の回転速度調整や出力トルク調整が容易で、効率の大幅改善が期待できる。

(5)　地階を除く階数が、11 階以上の階に、非常コンセント設備の設置が義務付けられている。

解答 1　　　**解説** 建築基準法に定められている。

都市ガスと LP ガスの比較

□ガスの性質

都市ガス：空気より**軽く**、天井付近に滞留しやすい

LP ガス：空気より**重く**、床付近に滞留しやすい

□発熱量：都市ガス＜ LP ガス（2 倍以上）

□理論空気量：都市ガス＜ LP ガス

□供給圧力：都市ガス＜ LP ガス

□比重：都市ガス＜空気＜ LP ガス

ガスの供給と取扱い

□絶縁継手：ガス管の**腐食**防止用

□ LP ガス容器は **40℃**以下の場所に保管

□ガス臭いときは窓を開けて排出。**換気扇**は着火のおそれがあるので使用しない

□マイコンメーターの**赤ランプ**点滅が復帰しない場合、使用開始不可

□都市ガスの供給圧力

低圧：**0.1MPa** 未満

中圧：**0.1MPa** 以上 **1.0MPa** 未満

高圧：**1.0MPa** 以上

□ガバナ：ガスの**圧力**を所定の範囲内に調整する**整圧器**

□ヒューズガス栓：**大量**のガスが流れたとき、自動的にガスの**流れを停止**

□マイコンメーター：震度 **5** 強で自動遮断

□ガスの理論空気量＜ガスの理論排ガス量

□都市ガス及び LP ガスは、**1,000** 倍に希釈しても臭いを感知できる**付臭剤**の添加が、法令で義務付けられている

令和元年 問題 99　一部抜粋

ガスの供給と取扱いに関する次の記述のうち、最も適当なものはどれか。

(1)　厨房がガス臭いので、ガスを排出するため直ちに換気扇を起動した。

(2)　都市ガス及び LP ガスは、1,000 倍に希釈しても臭いを感知できる付臭剤の添加が、法令で義務付けられている。

(3)　地震後、ガスのマイコンメータの復帰ボタンを押したら赤いランプが点滅したが、ガス機器に異常がなさそうなので使用開始した。

解答　2
解説　本文参照

例題 2

平成 28 年 問題 99

都市ガス（13A）と LP ガスの性質に関する次の文章の [　　　] 内に入る語句の組合せとして、最も適当なものはどれか。

都市ガス（13A）は、空気より [　ア　]、LP ガスは空気より [　イ　]。ガス 1m³ を燃焼させるのに必要な空気量は、都市ガス（13A）に比べて LP ガスの方が [　ウ　]。また、容積当たりの発熱量は、LP ガスに比べて都市ガス（13A）の方が [　エ　]。

(1)（ア）軽く　　（イ）重い　　（ウ）多い　　（エ）少ない
(2)（ア）軽く　　（イ）重い　　（ウ）少ない　　（エ）多い
(3)（ア）重く　　（イ）軽い　　（ウ）多い　　（エ）少ない
(4)（ア）重く　　（イ）軽い　　（ウ）少ない　　（エ）多い
(5)（ア）重く　　（イ）軽い　　（ウ）少ない　　（エ）少ない

解答　1
解説　本文参照

消防設備

□消防の用に供する設備：消火設備、警報設備、避難設備

□消火活動上必要な施設：排煙設備、連結散水設備、連結送水管、非常コンセント設備、無線通信補助設備

□煙感知器：光電式、イオン化式

□熱感知器：定温式（一定の温度以上で作動）、差動式（一定の温度上昇率以上で作動）、補償式

□炎感知器：紫外線式、赤外線式。大空間に適している

□くん焼状態等での早期感知：熱感知器よりも煙感知器のほうが適している

□泡消火設備：窒息作用と冷却作用により消火

□不活性ガス消火設備：水損防止用途に普及している

4

建築物の構造概論

例題

令和元年 問題102

建築物の消防用設備に関する次の記述のうち、最も適当なものはどれか。

(1) 煙感知器は、熱感知器に比べ火災の検知が早く、アトリウムや大型ドームのような大空間での火災感知に適している。

(2) 差動式熱感知器は、定められた温度を一定時間以上超え続けた場合に作動する。

(3) 小規模社会福祉施設では、上水道の給水管に連結したスプリンクラ設備の使用が認められている。

(4) ハロゲン化物消火設備は、負触媒作用による優れた消火効果があり、コンピュータルーム、図書館など水損被害が懸念される用途の空間で普及している。

(5) 排煙設備は、消防法施行令に定めるところの消防の用に供する設備に含まれる。

解答 3　　解説 本文参照

学習 /

防災

□避難経路

2方向避難とする

避難動線は日常動線と一致させる

客室からの出口の戸は外開きとする

平常時より遅い歩行速度で避難計画を立てる

□フラッシュオーバ

初期火災後の火災盛期に起きる燃焼拡大

機械排煙はフラッシュオーバ後の排煙に無効

□その他、防災に関する用語

防火性能：延焼を抑制する性能

耐火性能：倒壊・延焼を防止する性能

火災荷重：単位面積当たりの可燃物重量

マグニチュード：値が1大きくなるとエネルギーは約32倍

気象庁震度階級：震度0から震度7まで

□ライフライン：生活を維持するための諸施設

例題

平成29年 問題101 一部抜粋

防災に関する次の記述のうち、最も不適当なものはどれか。

(1) 火災荷重は、建築部材などの可燃物の潜在発熱量を、木材
の発熱量で規準化した単位面積当たりの可燃物重量のこと
である。

(2) 差動式熱感知器は、感知器の周辺温度が定められた一定
温度以上になると作動する。

(3) 火災室内の温度が急激に上昇し、火災が噴出し、燃焼が一
気に室全体に拡大する急速な燃焼現象をフラッシュオーバ
という。

解答 2 **解説** 前項の本文参照

建築基準法

□目的：建築物の敷地、構造、設備及び用途に関する**最低の基準**を定めること

□建築物から除外されるもの：**プラットホーム**の上家、貯蔵槽その他これらに類する施設

□移転：**同一敷地内**での建築物の移動

□**特殊建築物**

　学校、体育館、病院、劇場、観覧場、集会場、展示場、**百貨店**、市場、ダンスホール、遊技場、公衆浴場、**旅館**、共同住宅、寄宿舎、下宿、**工場**、倉庫、自動車車庫、危険物の貯蔵場、と畜場、火葬場、汚物処理場

　※**事務所**は含まれない

□居室：居住、執務、作業、集会、娯楽他、**継続的に使用**する室

□主要構造部

　壁、柱、床、梁、屋根又は**階段**

□主要構造部から除外される部分

　間仕切壁、間柱、付け柱、揚げ床、**最下階の床**、廻り舞台の床、小ばり、ひさし、局部的な小階段、**屋外階段**

□構造耐力上主要な部分

　基礎、基礎ぐい、**壁、柱、小屋組、土台**、斜材（筋かい、方づえ、火打材その他）、**床版**、屋根版又は横架材（梁、けたその他）

□大規模の修繕・模様替：**主要構造部**の**一種以上**について行う**過半**の修繕・模様替

□建築確認申請：申請者－**建築主**、確認者－**建築主事**

□定期検査報告（特殊建築物・建築設備・昇降機設備）

　検査者：**一級建築士・二級建築士・資格者**

　報告先：**特定行政庁**

4

建築物の構造概論

143

□単体規定：建築物自体に関する規定
□集団規定：建築物と都市に関する規定
□北側からの高さが制限されている
□建築設備：電気、ガス、給水、排水、換気、暖房、冷房、消火、排煙、**汚物処理の設備**、**煙突**、**昇降機**、避雷針
□特定工程：中間検査の申請が**必要である**
□違反建築物に対する命令：**特性行政庁が行う**

建築士法

□一級建築士：**国土交通大臣の免許**
□二級建築士：**都道府県知事の免許**
□建築設備士：建築設備の設計・工事監理に関して建築士に**助言**

例題1

令和元年 問題104 一部抜粋

建築基準法に規定される建築設備に該当しないものは、次のうちどれか。

(2) 煙突 (3) 共同アンテナ (4) 昇降機

解答 3 **解説** 本文参照

例題2

平成29年 問題104 一部抜粋

建築基準法の行政手続等に関する次の記述のうち、最も不適当なものはどれか。

(1) 建築設備においても、建築確認を必要とするものがある。
(2) 建築主は、特定工程を含む建築工事を行う場合には、中間検査の申請が免除される。
(3) 建築主事は、建築確認申請書を審査し、適法と確認した場合には、建築主に確認済証を交付する。

解答 2 **解説** 本文参照

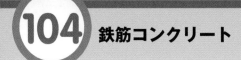

鉄筋コンクリート

□鉄筋は、コンクリートより**引張強度が大きい**

□コンクリートは、鉄筋より**圧縮強度が大きい**

□主筋：柱および梁の軸方向に配筋。**曲げモーメントに抵抗**

□帯筋：柱の周方向に配筋。**せん断力に抵抗**

□あばら筋：梁の周方向に配筋。**せん断力に抵抗**

□かぶり厚さ：コンクリート表面から鉄筋表面までの距離

　直接土に接しない壁、柱、梁：**3cm 以上**

　直接土に接する壁、柱、床：**4cm 以上**

□壁の厚さ

　一般壁：**10～15cm**、耐震壁：**20cm** 程度

□床の厚さ：一般に **15～20cm** 程度

□鉄筋コンクリート造の鉄骨造に対する特徴

　耐火性、耐食性に優れている。施工の工期が長い

□プレストレストコンクリート構造：大スパン構造に適している

4
建築物の構造概論

例題

平成 30 年 問題 95　一部抜粋

鉄筋コンクリート構造とその材料に関する次の記述のうち、最も不適当なものはどれか。

(1) 柱の主筋は、4 本以上とする。

(4) 梁せいは、梁断面の下面から上面までの高さをいう。

(5) 柱の帯筋は、曲げモーメントに抵抗する。

解答 5

解説 柱の帯筋は、せん断力に抵抗。

鉄骨

□鉄骨構造は耐食性に**乏しい**

□鋼材の炭素量が増加すると、じん性が**低下**する

□鉄骨の接合：工場では**溶接**接合、現場では**ボルト**接合

□ボルト接合は**高力**ボルト接合が多用

□高力ボルト接合：接合材間の**摩擦力**により力を伝達

□鉄骨構造の鉄筋コンクリート構造に対する特徴

　じん性に富み**耐震性**に有利。解体が**容易**

例題

平成 28 年 問題 95

鉄骨構造とその鋼材に関する次の記述のうち、最も不適当なものはどれか。

(1) 鋼材の強度は温度上昇とともに低下し、1,000℃ではほとんど零となる。

(2) 梁に使用される H 形鋼のウェブは、主にせん断力に対して抵抗する。

(3) デッキプレートは、波状の薄鋼板で、床の下地に用いられる。

(4) 鋼材の耐火被覆工法には、吹付け工法、巻付け工法、成形板張り工法等がある。

(5) 高力ボルト摩擦接合は、材間引張力により力を伝達する。

解答 5

解説 高力ボルト摩擦接合は、**摩擦力**により力を伝達する。

第 **5** 章

給水及び
排水の管理

給排水の用語と単位

用語

- □ **オフセット**：排水管が平行移動している部分
- □ 活性汚泥：**好気性微生物の集合体**
- □ スカム：排水槽内の**浮上物質**
- □ 逃がし通気管：排水系統に生じた**圧力**を逃がすための管
- □ **二重トラップ**：排水管に直列に配置された2つのトラップ。排水が阻害されるので禁止
- □ バイオフィルム：微生物による膜
- □ **バルキング**：活性汚泥が単位重量当たりの体積が増加して**沈降**しにくくなる現象
- □ **ブランチ**間隔：排水立て管に接続している各階の排水横枝管または排水横主管の間の垂直距離が2.5mを超える排水立て管の間隔
- □ 絶対圧力：**真空を基準とする圧力**
- □ ゲージ圧力：**大気圧を基準とする圧力**

単位

- □ 加熱能力：kW
- □ 水槽（内）照度率：%
- □ ばっ気槽混合液浮遊物質濃度（MLSS）：mg/L
- □ 比体積：m^3/kg
- □ 密度：kg/m^3
- □ 比熱の単位：J/（g・℃）または J/（g・K）
- □ BOD容積負荷：kg/（m^3・日）
- □ 排水基準によるリン含有量：mg/L

令和元年 問題 107

給水及び排水の管理に関する次の記述のうち、最も不適当なものはどれか。

(1) 膨張管とは、給湯配管系統の安全装置の一つである。

(2) ゲージ圧力とは、真空を基準とする圧力のことである。

(3) 富栄養化とは、栄養塩類を含んだ汚水の流入により、湖沼などの水質汚濁が進むことである。

(4) 金属の不動態化とは、酸化保護被膜の生成をいう。

(5) バルキングとは、活性汚泥が沈降しにくくなる現象である。

解答 2

解説 ゲージ圧力とは、大気圧を基準とする圧力である。

平成 28 年 問題 106

給水及び排水の管理に関する用語とその単位との組合せとして、最も不適当なものは次のうちどれか。

(1) 精密ろ過膜の有効径 ————————— μm

(2) 色度 ————————————————— 度

(3) 腐食速度 ———————————————— mm/y

(4) 排水基準におけるリン含有量 ——— %

(5) 加熱装置の能力 ————————————— kW

解答 4

解説 単位は mg/L である。

5

給水及び排水の管理

水道水の塩素消毒

□次亜塩素酸や次亜塩素酸イオンの**遊離**残留塩素が消毒効果を示す

□DPD 法は、**遊離**残留塩素→**結合**残留塩素の順で発色

□消毒効果の比較：**次亜塩素酸＞次亜塩素酸イオン＞ジクロラミン＞モノクロラミン**

□塩素消毒の効果の影響

pH の影響を受け、**無視できない**

アルカリ性側で消毒効果が**急減**する

窒素化合物と反応すると**減少**する

□塩素濃度と接触時間

微生物を不活化させる塩素濃度と接触時間は**反比例**の関係

CT 値＝塩素濃度×接触時間

例題

平成 30 年 問題 108

塩素消毒の効果に関する次の記述のうち、最も不適当なものはどれか。

(1) 温度の影響を強く受け、温度が高くなるほど消毒速度は速くなる。

(2) 微生物表面の荷電状態は、消毒剤の細胞内への透過性に影響する。

(3) 懸濁物質が存在すると、その種類、大きさ、濃度等によって、消毒効果が低下する。

(4) 塩素消毒の効果を上げるためには、攪拌^{かくはん}が重要である。

(5) 微生物を不活化するための消毒剤の濃度と接触時間の関係は比例する。

解答 5　　**解説** 本文参照

108 水道法・水質基準

水道法

- □専用水道：給水人口 100 人または 1 日最大給水量 20m³ を超える自家用水道
- □簡易専用水道：水源が水道事業者のみで、水槽有効容量が 10m³ を超えるもの

水質基準

- □大腸菌：検出されないこと
- □一般細菌：1mL の検水で形成される集落数が 100 以下
- □銅：1.0mg/L 以下、鉛：0.01mg/L 以下
- □色度：5 度以下、濁度：2 度以下
- □総トリハロメタン：0.1mg/L 以下
- □トリハロメタン：有機物質と消毒用塩素が反応して生成

例題

平成 27 年 問題 108

水質基準に関する省令（平成 15 年厚生労働省令第 101 号）に定める基準として、誤っているものは次のうちどれか。

(1) 大腸菌は、検出されないこと。

(2) 鉛及びその化合物は、鉛の量に関して、0.1mg/L 以下であること。

(3) 総トリハロメタンは、0.1mg/L 以下であること。

(4) 銅及びその化合物は、銅の量に関して、1.0mg/L 以下であること。

(5) 濁度は、2 度以下であること。

解答 2

解説 鉛及びその化合物は、鉛の量に関して、0.01mg/L 以下であることと定められている。

5

給水及び排水の管理

水道施設

□水道施設のフロー：**取水施設→導水施設→浄水施設→送水施設→配水施設**

□配水池の必要容量：1日最大給水量の **12時間分**を標準とする

□地表水は、地下水・伏流水に比べて水量・水質の変化が激しい

□浄水処理

フロー：**沈殿→ろ過→消毒**

膜ろ過法：**浮遊物質の除去**

臭気除去：**活性炭処理、オゾン処理**

□給水装置：**配水管**から分岐して設けられた**給水管**及びこれに直結する給水用具

例題

令和元年 問題110

水道施設に関する次の記述のうち、最も不適当なものはどれか。

(1) 送水施設は、浄水施設で処理された水を配水施設まで送る施設のことである。

(2) 取水施設の位置の選定に当たっては、水量及び水質に対する配慮が必要である。

(3) 清澄な地下水を水源とする場合、浄水処理は消毒のみで水道水として供給することがある。

(4) 配水池の必要容量は、計画1日最大給水量の8時間分を標準とする。

(5) 緩速ろ過法は、沈殿池で水中の土砂などを沈殿させた後に、緩速ろ過池で4〜5m/日の速度でろ過する方法である。

解答 4

解説 本文参照

110 給水方式

給水方式

□ 受水槽方式と水道直結方式に大別

□ 高置水槽方式

配水管→受水槽→揚水ポンプ→高置水槽→給水末端

給水圧力が一定

受水槽・高置水槽の2つの水槽があり、汚染の恐れが多い

高置水槽の水位により、揚水ポンプの起動・停止

受水槽の水位（減水警報水位）により、揚水ポンプの空転防止

□ 圧力水槽方式

配水管→受水槽→給水ポンプ→圧力水槽→給水末端

給水圧力が変動

□ ポンプ直送方式

配水管→受水槽→給水ポンプ→給水末端

受水槽で受けてから、最下階で配管を展開し、上向き配管で給水

□ 直結増圧方式

配水管→増圧ポンプ→給水末端

受水槽がないので衛生的

一般的に専用水道、簡易専用水道には、用いられない

□ 受水槽の有効容量：1日最大使用水量の1/2程度

□ 高置水槽の電極による水位制御

短い方から満水警報－給水停止－給水開始－減水警報－共通

5

給水及び排水の管理

153

例題 1

建築物の給水方式に関する次の記述のうち、最も不適当なものはどれか。

(1) 給水方式は、水道直結方式と受水槽方式に大別される。
(2) 直結直圧方式は、配水管の圧力によって直接建築物各所に給水する方式である。
(3) 高置水槽方式は、受水槽の水位によって揚水ポンプの起動・停止が行われる。
(4) 直結増圧方式は、受水槽を設ける必要がなく衛生的である。
(5) ポンプ直送方式には、ポンプの回転数を変化させて送水量を調整する方法がある。

解答 3

解説 高置水槽方式の揚水ポンプは、受水槽ではなく、高置水槽の水位によって起動・停止が行われる。

例題 2

高置水槽の電極による水位制御に関して、図中 A〜E の電極棒とその機能の組合せとして、最も適当なものは次のうちどれか。

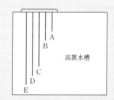

	A	B	C	D	E
(1)	満水警報	給水開始	給水停止	減水警報	共通
(2)	満水警報	給水停止	給水開始	減水警報	共通
(3)	共通	給水停止	満水警報	減水警報	給水開始
(4)	共通	満水警報	給水停止	給水開始	減水警報
(4)	共通	満水警報	給水開始	給水停止	減水警報

解答 2　　　**解説** 本文参照

 **給水設備**

給水設備

□上限水圧

　ホテル・住宅：0.3MPa、事務所・商業施設：0.5MPa

□最低必要水圧

　一般水栓：30kPa、大便器洗浄弁・小便器洗浄弁・シャ
　ワー：70kPa、ガス瞬間湯沸器：40〜80kPa

□1日当たりの設計給水量

　事務所：60〜100L/ 人、ホテル客室部：350〜450L/ 床

□給水管の適正流速

　0.9〜1.2m/s、上限2.0m/s

□給水配管の枝管の分岐

　上方に給水する場合は上取出し

　下方に給水する場合は下取出し

□飲料用貯水槽

　保守点検スペース：上部100cm以上、側面・底部60cm
　以上

　流入管吐水部に吐水口空間を確保する（流入管を水没させな
　い）

　水抜き管、オーバーフロー管：排水口空間による間接排水と
　する

　貯水槽内に飲料水配管以外の配管を設けてはならない

　FRP製は、紫外線に弱い、機械的強度が弱い

　搬送動力の低減のためには、受水槽は地下階ではなく地上階
　に設置する

　ステンレス鋼板製は、液層部よりも気層部のほうが腐食しや
　すい

□クロスコネクション

　上水の給水・給湯系統が他の系統と直接接続されることをし
　てはならない

5

給水及び排水の管理

逆止弁は、クロスコネクションの防止にならない

バイパス管・バイパス弁は、クロスコネクションの防止にならない

□ 逆サイホン作用：負圧により一度吐水した水が給水管内に逆流すること

□ ウォーターハンマ（水撃）

弁を急閉すると、弁の上流側の圧力が上昇し圧力が伝わる現象

ウォーターハンマ防止器は、ウォーターハンマ発生箇所に近い位置に設ける

水柱分離が起こりやすい部分は、ウォーターハンマが発生しやすい

□ 鋼管の腐食

アノード（陽極）部：電流が流出する部分

カソード（陰極）部：電流が流入する部分

アルカリ度の減少、塩化物濃度の上昇によって、水の腐食性は増加する

例題 　　　　　　　　　　　　　平成 30 年 問題 112 　一部抜粋

給水設備に関する語句と数値との組合せとして、最も不適当なものは次のうちどれか。

(2) ホテル客室部における
1 日当たりの設計給水量 ————— 350〜450L/ 床

(3) 事務所建築における
1 日当たりの設計給水量 ————— 60〜100L/ 人

(4) 小便器洗浄弁の最低必要水圧 ——— 30kPa

解答 4

解説 小便器洗浄弁の最低必要圧力は 70kPa である。

112 給水設備機器

給水設備機器

□渦巻きポンプ

速度エネルギーを圧力エネルギーに変換する渦巻きケーシングを備えた遠心ポンプ。羽根車を高速回転し、水に遠心力を与えて吐出

ウォータハンマ防止のため吐出し側に衝撃吸収式逆止弁を設ける

□弁

玉形弁　　　仕切弁　バタフライ弁　　　ボール弁

玉形弁は、仕切弁に比べ流量調整に適している

ボール弁は、管軸と通路が一致したとき全開、90度回転した状態で全閉

□フレキシブル継手：配管の変位吸収のために設ける

5

給水及び排水の管理

例題1

平成18年 問題112　一部抜粋

給水用の各弁を説明するアからエの記述とその弁の名称との組合せのうち、最も適当なものは次のどれか。

ア　弁体が管路を垂直にふさぐように開閉するもので、開閉のみの目的で使用し、設備配管に最も多く使用されている。

イ　弁体が管路をふさぐように閉める構造で、流量調整に適している。

ウ　円筒形の弁本体中心に円板状の弁体を設け、弁体を回転させることで流路の開閉を行う構造で、流量調整ができる。

エ　管径と同径の通路を開けた弁体を回転させることで流路
　　の開閉を行う構造で、流量調整ができる。

	ア	イ	ウ	エ
(3)	玉形弁	仕切弁	バタフライ弁	ボール弁
(4)	玉形弁	仕切弁	ボール弁	バタフライ弁
(5)	仕切弁	玉形弁	バタフライ弁	ボール弁

解答 5

例題2　　　　　　　　　　　　　　　　　　　平成21年 問題112

給水用弁の形状とその名称に関する次の組合せのうち、最も適
当なものはどれか。

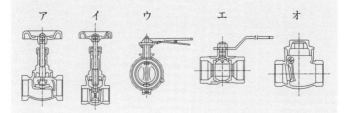

	ア	イ	ウ	エ	オ
(1)	玉形弁	仕切弁	リフト式逆止弁	バタフライ弁	スイング式逆止弁
(2)	玉形弁	仕切弁	バタフライ弁	ボール弁	スイング式逆止弁
(3)	仕切弁	玉形弁	バタフライ弁	ボール弁	リフト式逆止弁
(4)	ボール弁	玉形弁	スイング式逆止弁	仕切弁	リフト式逆止弁
(5)	ボール弁	仕切弁	スイング式逆止弁	バタフライ弁	リフト式逆止弁

解答 2　　　　**解説** 本文参照

給水配管

□横主管の勾配

上向き配管：上り勾配（先上がり配管）

下向き配管：下り勾配（先下がり配管）

□主な接合方法

ステンレス鋼管：**溶接接合**、銅管：**差込ろう接合**

硬質ポリ塩化ビニル管：**接着接合**

ポリエチレン管・ポリブテン管：**融着接合**

□酸素濃淡電池

さびこぶ部（酸素濃度が低い部分）：**アノード（陽極）**

管壁部（酸素濃度が高い部分）：**カソード（陰極）**

□**亜鉛めっき鋼管**：さびが発生して赤水の原因となり、飲料水の配管材料として不適

□**銅管**：銅イオンが浸出して脂肪酸と化合して、青い水が生じることがある

5

給水及び排水の管理

例題

平成 20 年 問題 109

給水管とその接合方法との組合せとして、最も不適当なものは次のうちどれか。

(1) ステンレス鋼管 ──────── 溶接接合

(2) ポリエチレン二層管 ──────── 接着接合

(3) ポリブテン管 ──────── 電気融着継手

(4) 銅管 ──────── 差込ろう接合

(5) 合成樹脂ライニング鋼管 ──── 管端防食継手

解答 2

解説 ポリエチレン二層管は、融着接合。

114 給水設備の汚染防止

給水設備の汚染防止

- □ 飲料水用貯水槽は、六面点検できるように設置する
- □ 貯水槽の水抜き管は、貯水槽の最も低い部分から取り出す
- □ 大容量の貯水槽は、水の流れを水槽内で迂回させ、滞留水の発生を防止する
- □ 大便器洗浄弁には、大気圧式バキュームブレーカを設置する
- □ 給水管と排水管が水平に平行して埋設される場合は、給水管を上にし、水平間隔 500mm 以上確保する
- □ 洗面器の吐水口空間：水栓の吐水口端とあふれ縁との垂直距離

例題

令和元年 問題113

受水槽に関する次の記述のうち、最も不適当なものはどれか。

(1) 水の使用量が極端に減少する期間がある建築物では、受水槽の水位を通常使用時と少量使用時で切り替える方法を取る。

(2) 流入管からの吐水による水面の波立ち防止策として、防波板を設置する。

(3) 受水槽を独立した室に設置する場合は、出入口に施錠するなどの措置を講ずる。

(4) 受水槽の上部には、他設備の機器や配管が設置されないようにする。

(5) 受水槽の流入口と流出口の位置は、滞留時間を短くするため近接させる。

解答 5

解説 流入口と流出口は、滞留水が生じないように近接させない。

貯水槽の清掃

□受水槽→高置水槽の順で清掃を行う

□清掃後の消毒：濃度 50〜100mg/L の次亜塩素酸ナトリウム溶液などにより、2 回以上行う

□清掃後の水洗い及び水張り：消毒終了後 30 分以上経過してから行う

□清掃後の残留塩素濃度：遊離残留塩素 0.2mg/L、結合残留塩素 1.5mg/L 以上

□作業従事者の健康診断：おおむね 6 カ月ごとに受ける

□高置水槽の電極棒の点検：手動で揚水ポンプを作動させて行う

例題

平成 30 年 問題 117

建築物衛生法に基づく特定建築物の給水設備の保守管理に関する次の記述のうち、最も不適当なものはどれか。

(1) 貯水槽清掃終了後の消毒には、有効塩素濃度 10〜20mg/L の次亜塩素酸ナトリウム溶液などの塩素剤を用いる。

(2) 防錆剤を使用する場合は、定常時においては 2 カ月以内ごとに 1 回、防錆剤の濃度を検査しなければならない。

(3) 残留塩素が不検出、又はその濃度変動が激しい場合には、一度吐水された水が、給水管へ逆流している可能性がある。

(4) 貯水槽は、点検を定期に行い、地震などで貯水槽の構造や水質に影響を与えるような事態が発生した場合には、速やかにその影響を点検する。

(5) 受水槽の水位制御の作動点検は、槽内のボールタップを手動で操作して行う。

解答 1

解説 濃度 50〜100mg/L の塩素剤を用いる。

5

給水及び排水の管理

給水設備の管理

□給水栓における残留塩素の測定：**7日以内ごとに1回**
□赤水対策としての**防錆剤**：配管更新までの**応急措置**
□負圧の発生：ポンプ直送方式の上階で発生しやすい
□ポンプの点検頻度と項目
　毎日：**圧力、電圧、電流、軸受温度、軸受部の滴下状態**
　1回/1カ月：**絶縁抵抗測定、各部の温度測定など**
　1回/6カ月：ポンプと電動機の**芯狂い**など
□ポンプの圧力計の指針
　吸込み側が振れている場合：**吸込み配管の空気の吸込み**か、**異物の詰まり**
　吐出し側が振れている場合：**ポンプ内**または**吐き出し管の異物の詰まり**
□白濁現象：**亜鉛の腐食生成物**により発生

例題

令和元年 問題116

次のポンプの点検項目のうち、点検頻度を一般に6カ月に1回程度としているものはどれか。
(1) 吐出側の圧力
(2) ポンプと電動機の芯狂い
(3) 電動機の絶縁抵抗
(4) 電流値
(5) 軸受温度

解答 2
解説 本文参照

162

117 給湯設備

給湯設備

□中央式：給湯箇所の**多い**建築物に採用される

□局所式：給湯箇所の**少ない**建築物に採用される

□設計給湯量

　総合病院 150～200L/(床・日)

　ホテル宿泊部 75～150L/(人・日)

　事務所 7.5～11.5L/(人・日)

□水中における気体の溶解度：温度が**高い**ほど、圧力が**低い**ほど小さくなる

□空気抜き弁の位置：湯に溶けていた空気が分離しやすい、圧力の低い、**最上部**に設ける

□金属の腐食速度：温度が高いほど**速く**なる

□水の比体積：4℃以上の水の比体積は温度が高くなると**大き**くなる

□入浴設備の循環水の塩素消毒：ろ過器の**入口**側に投入

例題

令和元年 問題118

給湯設備に関する次の記述のうち、最も不適当なものはどれか。

(1) 壁掛けシャワーの使用温度は、42℃程度である。

(2) 総合病院における使用湯量は 40～80L/(床・日)程度である。

(3) 電気温水器の貯湯量は 60～480L 程度である。

(4) 強制循環式給湯系統の横管は、1/200 以上の勾配で配管する。

(5) 貯湯槽の容量は、ピーク時の必要量の1～2時間分を目安に加熱能力とのバランスから決定する。

解答 2

解説 総合病院の使用湯量は 150～200L/(床・日)程度である。

給湯加熱装置

給湯加熱装置

□直接加熱方式：**燃料**や**電気**によって直接水を加熱する方式
□間接加熱方式：**蒸気**や**温水**を熱源として、**加熱コイル**などで水を加熱する方式
□貫流ボイラ：缶水量が**少なく**出湯温度が変化し**やすい**ので、シャワーに**不適**
□真空式温水発生機：缶体内は大気圧**以下**。労働安全衛生法のボイラに該当**しない**
□無圧式温水発生機：缶体内は**開放（大気圧）**。労働安全衛生法のボイラに該当**しない**
□湯沸器：**貯蔵式**－開放構造・高温・飲用
　　　　　貯湯式－密閉構造
□膨張管（逃がし管）：途中に**弁**を設けず、補給水槽の水面**以上**に立ち上げる
□排水から熱回収する場合は**間接的**に熱交換する

例題　　　　　　　　　　　　　令和元年 問題120　一部抜粋

給湯設備に使用される加熱装置に関する次の記述のうち、最も不適当なものはどれか。

(1) ガスマルチ式給湯機は、小型のガス瞬間湯沸器を複数台連結してユニット化したものである。

(3) 間接加熱方式は、蒸気や高温の温水を熱源として、加熱コイルで給湯用の水を加熱するものである。

(5) 給湯用貫流ボイラは、出湯温度が安定しているので、大規模のシャワー設備の給湯に適している。

解答 5
解説 本文参照

給湯配管・循環ポンプ

□循環式上向き配管の横主管：上り勾配（先上がり配管）

□循環式下向き配管の横主管：下り勾配（先下がり配管）

□給湯配管に銅管を用いる場合の流速：**潰食**防止対策として
　1.2m/s 以下が望ましい

□空気抜きのため、横管に 1/200 以上の**勾配**を設ける

□逃がし弁：配管内の**圧力**が設定**圧力**を超えると作動する

□流量の調節：**返湯管に設けた玉形弁**などで行う

□線膨張係数の比較
　ステンレス鋼管（金属管）＜架橋ポリエチレン管（樹脂管）

□伸縮管継手の伸縮吸収量の比較
　ベローズ（蛇腹）形＜スリーブ（袖）形

□循環ポンプ
　位置：**返湯管**に設ける
　揚程：循環回路系で最も**大きくなる摩擦損失**から決定する
　運転：省エネ上、**返湯温度低下時のみ**運転するほうがよい
　サイレンサー：騒音・振動防止。ポンプ**流出側**に設置

例題

令和元年 問題 121 　一部抜粋

給湯設備に使用される材料に関する次の記述のうち、最も不適
当なものはどれか。

(1)　ステンレス鋼管の線膨張係数は、架橋ポリエチレン管の
　　線膨張係数より小さい。

(3)　樹脂管を温度の高い湯に使用すると、塩素による劣化が
　　生じやすい。

(4)　返湯管に銅管を用いた場合は、他の配管材料を用いた場
　　合と比較して、流速を速く設定できる。

解答 4 　　　　**解説** 返湯管に銅管を用いた場合は流速を遅く
する必要がある。

5

給水及び排水の管理

給湯設備の管理

給湯設備の管理

☐ 貯湯槽の給湯温度：レジオネラ菌対策のため、常時 60℃（最低でも 55℃）以上とする

☐ 使用湯量が多すぎると、給湯温度が上昇しない場合がある

☐ 一般細菌やレジオネラ菌が検出された場合の加熱処理
70℃程度の湯を 20 時間程度循環させる

☐ 器具のワッシャ等は、細菌繁殖防止のため、天然ゴムよりも合成ゴムがよい

☐ 圧力容器の検査
第 1 種圧力容器：1 カ月以内ごとに定期自主検査、1 年以内ごとに性能検査
第 2 種圧力容器、小型圧力容器：1 年以内ごとに定期自主検査

☐ 貯湯槽の電気防食
流電陽極式：犠牲陽極の状態を点検し、取り換えが必要
外部電源式：電極の取り換えは不要。防食電流の調整を行う

☐ 耐孔食性、耐隙間腐食性は、SUS444 のほうが SUS304 より優れているが、SUS444 は水素脆化するので、電気防食をしてはならない

☐ 防錆剤の使用：飲料水系統と同様に配管更新までの応急措置

☐ 省エネルギー性：湯水個別水栓よりも湯水混合水栓の方が望ましい

例題1

給湯設備の保守管理に関する次の記述のうち、最も不適当なものはどれか。

(1) 給湯循環ポンプは、作動確認を兼ねて分解・清掃を実施する。

(2) 自動空気抜き弁は、弁からの水漏れがある場合には分解・清掃を実施する。

(3) 真空式温水発生機の定期検査は、労働安全衛生法の規定に基づいて行う。

(4) 逃し弁は、レバーハンドルを操作して作動を確認する。

(5) 配管系統の末端において、定期的に停滞水の排出を行い、温度測定を実施する。

解答 3

解説 真空式温水発生機には労働安全衛生法の定期検査は適用されない。

例題2

給湯設備の省エネルギーに関する次の記述のうち、最も不適当なものはどれか。

(1) 給湯温度を適切に管理する。

(2) 適切な制御方式を採用する。

(3) 配管経路の短縮、配管の断熱等に配慮し、放熱損失を低減した適切な配管とする。

(4) 混合水栓の使用を避け、湯と水は別々の水栓とする。

(5) 器具ごとに定流量弁を設置する。

解答 4

解説 湯水混合水栓の方が望ましい。

5

給水及び排水の管理

121 給湯循環配管の計算

給湯循環配管の計算

□ $Q = 0.0143 \times H_L \div \Delta t$

Q：循環流量 [L/min]　H_L：循環配管からの熱損失 [W]
Δt：加熱装置における給湯温度と返湯温度との差 [℃]

□循環流量は、加熱装置における給湯温度と返湯温度の差に反比例する

□循環配管からの単位長さ当たりの熱損失 [W/m]

$$= \frac{循環配管からの熱損失\,[\mathrm{W}]}{循環配管の長さ\,[\mathrm{m}]}$$

例題

平成 30 年 問題 119　一部改変

循環配管の管長が 80m、循環配管からの単位長さ当たりの熱損失が 50W/m の給湯設備で給湯循環流量 [L/min] を算出した場合、その値を求めよ。ただし、次の算定式を用い、加熱装置における給湯温度と返湯温度の差を 5℃とする。

　　$Q = 0.0143 \times H_L \div \Delta t$

ここで、Q：循環流量 [L/min]

H_L：循環配管からの熱損失 [W]

Δt：加熱装置における給湯温度と返湯温度との差 [℃]

解答 11.44L/min

解説 問題文の式より、

$$Q = \frac{0.0143 H_L}{\Delta t} = \frac{0.0143 \times 50 \times 80}{5} = 11.44\,[\mathrm{L/min}]$$

雑用水設備

□雑用水の維持管理

し尿を含む水を原水として使用しないこと（散水、修景、清掃用水の場合）

基準値	検査周期
pH値：5.8以上8.6以下	7日以内ごとに1回
臭気：異常でないこと	7日以内ごとに1回
外観：ほとんど無色透明であること	7日以内ごとに1回
大腸菌：検出されないこと	2カ月以内ごとに1回
濁度：2度以下（水洗便所用水は除く）	2カ月以内ごとに1回

□雑用水設備からの汚泥は、産業廃棄物

□色度・臭気の除去：活性炭処理法

□塩素消毒効果に影響のある要因

水温、接触時間、残留有機物量、スライム等の藻類

□循環方式

個別循環方式：ビル等で発生する排水等を同一ビル内で処理し、雑用水用として利用

地区循環方式：複数のビル等が共同で雑用水道を運営し、地区内の雑用水として利用

広域循環方式：下水処理場等で処理された水を、地域内の雑用水として利用。上水道への負荷が軽減

□雑用水受水槽：二重スラブ内ではなく、六面点検可能なように設ける

5

給水及び排水の管理

令和元年 問題 124

雑用水設備に関する次の記述のうち、最も不適当なものはどれか。

(1) 広域循環方式は、複数の建築物間で排水再利用設備を共同利用し、処理水を各建築物に送水して利用するものである。

(2) 雑用水は、災害時における非常用水の原水として利用することができる。

(3) 雨水利用設備における上水代替率とは、使用水量に対する雨水利用量の割合である。

(4) 散水、修景、清掃用水として利用する場合、雑用水受水槽は、6面点検ができるように、設置することが望ましい。

(5) 上水管、雑用水管、給湯管等が並行して配管される場合、配管の配列を変えてはならない。

解答 1　　**解説** (1) は地区循環方式の記述である。

平成 28 年 問題 124

雑用水設備に関する次の記述のうち、最も不適当なものはどれか。

(1) 配管にスライムが発生した場合は、残留塩素濃度を高めて洗浄する。

(2) 雑用水の原水は、年間を通じて安定して確保できる排水を優先する。

(3) 雑用水受水槽は、槽内の水が滞留しないような措置を講じる。

(4) 水栓には、雑用水であることを示す飲用禁止の表示・ステッカー等を掲示する。

(5) 広域循環方式の雑用水の利用により、下水道への負荷が軽減される。

解答 5　　**解説** 上水道への負荷が軽減される。

123 排水再利用施設

排水再利用施設

□生物処理法

→ スクリーン → 流量調整槽 → 生物処理槽 → 沈殿槽

→ ろ過装置 → 消毒槽 → 排水処理水槽 →

□膜分離活性炭処理法

→ スクリーン → 流量調整槽 → 膜分離装置

→ 活性炭処理装置 → 消毒槽 → 排水処理水槽 →

SS（浮遊懸濁物質）の低い排水処理に適している

分離膜：主に限外ろ過膜（UF 膜）が用いられる

□雨水処理設備

集水 → スクリーン → 沈砂槽 → 沈殿槽 → 雨水貯留槽 →

消毒装置 → 雨水処理水槽（雑用水槽など）→ 給水

$$雨水利用率 = \frac{雨水利用量}{雨水集水量} \times 100 \, [\%]$$

雨水処理設備から発生した汚泥は、産業廃棄物となる

5

給水及び排水の管理

例題

令和元年 問題 125 　一部抜粋

雑用水として使用する場合の標準的な雨水処理施設における次
のフローシートの ＿＿＿ 内に入る単位装置の組合せとして、
最も適当なものはどれか。

集水 → スクリーン → ［ ア ］ → ［ イ ］ → 雨水貯留槽 →

消毒装置 → 雑用水槽 → 給水

	ア		イ
(1)	沈砂槽	—	沈殿槽
(2)	流量調整槽	—	活性炭吸着装置
(5)	沈砂槽	—	生物処理槽

解答 1　　　解説 本文参照

排水トラップ

□排水トラップの深さ：**ディップ**から**ウェア**までの垂直距離。
50mm 以上 100mm 以下

□サイホン式トラップ：P トラップ、S トラップなどの**管ト**
ラップ

□非サイホン式トラップ：**わん**トラップ、**ドラム**トラップなど

□トラップの封水強度（圧力変動時の**封水保持能力**）
サイホントラップ＜非サイホントラップ
P トラップ＞S トラップ

□**二重**トラップ：排水の流れに対して、直列に 2 つ以上トラッ
プを接続してはならない

□蛇腹管を**ループ**状にしたものは、トラップとして**認められな**
い

□ 脚断面積比 $= \dfrac{\text{流出脚断面積}}{\text{流入脚断面積}}$

□脚断面積比が大きくなると、封水強度は**大きくなる**

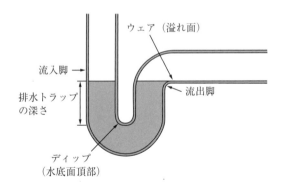

排水通気設備に関する次の記述のうち、最も不適当なものはどれか。

(1) 伸頂通気方式の排水横主管の水平曲りは、排水立て管の底部より3m以内に設けてはならない。

(2) 排水ポンプは、排水槽の吸込みピットの壁面から200mm以上離して設置する。

(3) 排水管への掃除口の設置間隔は、管径100mm以下の場合には15m以内とする。

(4) 排水トラップの脚断面積比（流出脚断面積／流入脚断面積）が、大きくなると封水強度は小さくなる。

(5) 敷地内排水設備における分流式排水方式は、汚水と雑排水を別々の系統で排水することをいう。

解答 4　　　　**解説** 本文参照

例題2　　　　　　　　　　　　　　　　　　平成29年 問題130

排水通気設備に関する次の語句の組合せとして、最も不適当なものは次のうちどれか。

(1) 防水床用の
　　 排水トラップ ―――――――― 水抜き孔を設置

(2) 通気弁 ―――――――――――― 寒冷地の集合住宅の通気管に使用

(3) 通気口の通気率 ――――――― 通気口の開口面積／管内断面積

(4) 即時排水型
　　 ビルピット設備 ―――――― 排水槽の悪臭防止に有効

(5) トラップの封水強度 ――――― 毛管現象発生時の封水の保持能力

解答 5

解説 トラップの封水強度とは**圧力変動発生時**の封水の保持能力である。

125 排水設備

排水設備

□排水立て管の管径：上部と下部は**同径**とする

□排水立て管のオフセット部（移行部）の上下 600mm 以内
には、排水横枝管を設けない

□排水横管の最小勾配

管径（mm）	勾配
65 以下	最小 1/50
75、100	最小 1/100
125	最小 1/150
150 以上	最小 1/200

□排水ますの設置：敷地排水管の管内径の 120 倍を超えない
範囲に設置

□排水横管の管内最小流速：**0.6〜1.5m/s**

□排水用硬質塩化ビニルライニング鋼管
肉厚が薄いので**ねじ切り**不可。**メカニカル**式の排水鋼管用可
とう継手を用いる

□飲料水用貯水槽の間接排水：**150mm 以上**の**排水口空間**を
確保する

□掃除口の設置間隔：**30m 以内**。管径 100mm 以下の場合
は **15m 以内**

□掃除口の大きさ：管径 100mm 以下は管径、管径 100mm
超は 100mm 以上

□雨水排水ます：**20mm** 程度の流入管と流出管の管底差、
150mm 以上の**泥だめ**を設ける

□汚水排水ます：**溝（インバート）**を設ける

□貯湯槽の排水管：排水口**空間**による間接排水とする

□逆流防止弁：敷地排水管から建物内排水管へ**排水の逆流**を防
止する弁

排水通気設備に関する次の記述のうち、最も不適当なものはどれか。

(1) 管径 50mm の排水横管の最小勾配は、1/50 である。
(2) 厨房排水用の排水管に設置する掃除口の口径は、排水管径と同径とする。
(3) 飲料用貯水槽の間接排水管の口径が 65mm の場合、排水口空間は、最小 125mm である。
(4) 排水横主管以降が満流となるおそれのある場合、伸頂通気方式を採用してはならない。
(5) 通気管の末端を、窓・換気口等の付近に設ける場合、その上端から 600mm 以上立ち上げて大気に開放する。

解答 3
解説 飲料用貯水槽の排水口空間は、管径に関わらず、最小 150mm である。

5

給水及び排水の管理

例題 2

排水通気設備に関する語句の組合せとして、最も不適当なものは次のうちどれか。

(1) 特殊継手排水 ——— 高層集合住宅へ適用
システム

(2) 貯湯槽の排水管 ——— 排水口開放による間接排水

(3) 排水トラップの ——— ディップからウェアまでの垂直距離
深さ

解答 2
解説 排水口空間による間接排水とする。

通気設備

通気設備

□伸頂通気方式

　伸頂通気管で構成され、**通気立て管のない**方式。

　排水横主管以降が**満流**になる場合には、採用しない

□特殊継手排水システム

　単管式排水システムともいう。伸頂通気方式の一種。

　排水横枝管の接続数の**少ない集合住宅**等に用いられる

□結合通気管：**排水立て管**と**通気立て管**を接続。排水立て管内の圧力緩和のため設ける。ブランチ間隔（横枝管の間隔の数）**10**以内ごとに設ける

□伸頂通気管：**排水立て管**の頂部を、管径を**縮小せず**に大気に開口する

□通気弁：空気の**吸入**だけを行い、空気の**排出**はしない。正圧防止にはならない

□通気管の接続

　▶通気立て管と伸頂通気管：最高位の器具のあふれ縁より**150**mm以上高い位置

　▶通気立て管の下部と排水立て管：最低位の排水横枝管より**低い**位置

　▶各個通気管と器具排水管：トラップウェアから器具排水管の管径の**2**倍以上離れた位置

　▶ループ通気管と排水横管：最上流の器具排水管と排水横管の接続部のすぐ下流

　▶排水横管から通気管の取り出し：排水管断面の鉛直中心線上部から**45**°以内の角度

□通気管の大気開口部の通気率（開口面積／管内断面積）は、**100**%程度確保する

例題1　　　　　　　　　　　　令和元年 問題131　一部抜粋

排水通気配管方式に関する次の記述のうち、最も不適当なもの
はどれか。
(3)　ループ通気方式において、大便器及びこれと類似の器具
　　が8個以上接続される排水横枝管には、逃し通気管を設ける。
(4)　伸頂通気方式において、排水横主管の水平曲がりは、排水
　　立て管の底部より3m以内に設けてはならない。
(5)　排水横管から通気管を取り出す場合、通気管は、排水管断
　　面の水平中心線から30°以内の角度で取り出す。

解答 5
解説 鉛直中心線上部から45°以内の角度から取り出す。

例題2　　　　　　　　　　　　平成29年 問題127　一部抜粋

排水通気方式及び通気配管に関する次の記述のうち、最も不適
当なものはどれか。
(1)　結合通気管は、高層建築物でブランチ間隔15以上の排水
　　立て管において、最下階から数えてブランチ間隔15以内ご
　　とに設ける。
(4)　通気立て管の下部は、排水立て管に接続されている最低
　　位の排水横枝管より低い位置で排水立て管から取り出す。
(5)　特殊継手排水システムは、排水横枝管への接続器具数が
　　比較的少ない集合住宅やホテルの客室系統に多く採用され
　　ている。

解答 1
解説 ブランチ間隔10以内ごとに設ける。

排水通気設備の管理

□汚水槽・厨房排水槽の水位制御

電極棒ではなく、**フロートスイッチ**を用いる

長時間の滞留による**腐敗**を防止するため、ポンプの運転停止位置は**低く**する

滞留による**腐敗**を防止するため、タイマーにより2時間程度でポンプにて排水する

□排水管の清掃

高圧洗浄法：5〜30MPaの圧力の水を噴射して洗浄

ウォーターラム法：**圧縮空気**により閉塞物を除去。固着したグリースは**除去できない**

スネークワイヤ法：長さ25mまでの排水横管の清掃に用いる

ロッド法：手動で排水管内に挿入して清掃。最大30m程度

□排水槽の清掃

6カ月以内ごとに1回

作業前に酸素濃度18%以上、硫化水素濃度10ppm以下を確認する

作業用照明はメタンガス等に**引火**しないよう**防爆型**とする

□排水ポンプの点検

絶縁抵抗測定：1カ月に1回程度。1MΩ以上あるか確認する

メカニカルシール部の**オイル交換**：6カ月〜1年に1回程度

メカニカルシールの交換：1〜2年に1回程度

オーバーホール：3〜5年に1回程度

□グリース阻集器の清掃

厨芥（ちゅうかい）の除去：**毎日**

グリースの除去：7〜10日に1回程度

付着・沈殿したグリースの清掃：1カ月に1回程度

トラップの清掃：2カ月に1回程度

グリース阻集器からの廃棄物：**産業廃棄物**として処理する

□床下式の掃除口には、腐食しやすい鋼製プラグを用いない

例題1

排水通気設備の保守管理に関する用語の組合せとして、最も不適当なものは次のうちどれか。

(1) 敷地内排水管内の清掃 ──── ロッド法

(2) 敷地外からの
建築物内への雨水の浸入 ──── 可動式の堤防装置

(3) 床下式の掃除口 ──── 鋼製プラグ

(4) 排水槽の清掃 ──── 空気呼吸器

(5) 厨房排水槽の水位感知 ──── フロートスイッチ

解答 3

解説 床下式の掃除口のプラグには、腐食しやすい鋼製プラグではなく、黄銅製プラグなどが用いられる。

例題2

排水通気設備の保守管理に関する語句の組合せとして、最も不適当なものは次のうちどれか。

(1) 空圧式清浄
(ウォータラム) 法

圧縮空気による閉塞物の除去

(3) 厨房排水槽

電極棒による水位制御

(4) ワイヤ
(スネークワイヤ) 法

グリース等の固い付着物の除去

解答 3

解説 厨房排水槽の水位制御には、固形物により誤作動が生じやすい電極棒ではなく、**フロートスイッチ**を用いる。

衛生器具設備

□水受け容器：使用した水を排水系統に導く器具

□あふれ縁

　衛生器具：オーバーフロー口ではなく上縁

　開放式水槽：オーバーフロー口

衛生器具設備の定期点検

□大便器・小便器

　取付状態（半年に1回）・排水状態（半年に1回）

□洗面器

　取付状態（2カ月に1回）・排水状態（半年に1回）

□洗浄タンク・洗浄弁

　詰まり、汚れ（半年に1回）・水量調節等（半年に1回）

□事務所に設置する便器の必要個数は、**事務所衛生基準規則**に規定されている

例題

令和元年 問題136

衛生器具設備に関する次の記述のうち、最も不適当なものはどれか。

(1) 大便器洗浄弁の必要水圧は、70kPaである。

(2) 小便器の排水状態は、6カ月に1回、定期に点検する。

(3) 洗面器のトラップの接合部における緩みの有無は、2カ月に1回、定期に点検する。

(4) 大便器の洗浄タンク内の汚れ状態は、1年に1回、定期に点検する。

(5) JIS A 5207では、節水II形の大便器の洗浄水量は、6.5L以下としている。

解答 4

解説 洗浄タンクの汚れは半年に1回点検する。

129 大便器と小便器

学習 /

大便器

- □ 洗い落とし式：落差を利用
- □ サイホン式：**サイホン作用**を利用
- □ サイホンゼット式：溜水面が広い
- □ サイホンボルテックス式：渦巻き作用。音が小さい
- □ ブローアウト式：噴出作用。排水口が壁面。音が大きい
- □ 1回当たりの水量：節水Ⅰ型（8.5L以下）、節水Ⅱ型（6.5L以下）
- □ サイホン式便器の溜水面が小さい場合の原因
  補助水管がオーバーフロー管に差し込まれていない
- □ 温水便座には、上水以外を使用してはならない

小便器

- □ 手動式小便器洗浄弁：公衆用には適さない
- □ 小便器のトラップ：公衆用には清掃しやすい着脱式が適している

例題

令和元年 問題135 一部抜粋

小便器に関する次の記述のうち、最も不適当なものはどれか。

（1）壁掛型は、駅やホテルの共用部などにおいて床清掃のしやすさから選定されている。

（2）床置型は乾燥面が広いため、洗浄に注意しないと臭気が発散する。

（3）手動式洗浄弁は、使用後、人為的な操作により洗浄でき、公衆用に適している。

解答 3
解説 本文参照

5
給水及び排水の管理

181

阻集器

□阻集器の種類と用途

グリース阻集器：厨房

オイル阻集器：駐車場、洗車場

プラスタ阻集器：歯科技工室、ギプス室

毛髪阻集器：浴場、プール

砂阻集器：**工場**など

□トラップの組み込まれていない阻集器には、**出口**側にトラップを設ける

例題

令和元年 問題 129

阻集器に関する次の記述のうち、最も不適当なものはどれか。

(1) 阻集器を兼ねる排水トラップの深さは、下限値を 50mm とし、上限値を定めない。

(2) グリース阻集器は、器内への排水の流入部へバスケットを設けて、排水中に含まれる厨芥を阻止・分離する。

(3) 排水トラップが組み込まれていない阻集器には、その入口側に排水トラップを設ける。

(4) 砂阻集器は、建築現場等から多量に排出される土砂・石粉・セメント等を阻止・分離・収集するために設ける。

(5) 開放式のオイル阻集器を屋内に設置する場合、屋内換気を十分に行う。

解答 3

解説 阻集器のトラップは出口側に設ける。

131 厨房排水除害施設

学習 /

厨房排水除害施設

□油分の浮上速度

　排水の粘性に反比例する。粘性が大きくなると遅くなる

　油粒子の直径が大きくなると速くなる

□発生汚泥量の比較：生物処理法＜浮上分離法

□ランニングコストの比較：生物処理法＜浮上分離法

例題

令和元年 問題 137

厨房排水除害施設に関する次の記述のうち、最も不適当なものはどれか。

(1) 生物処理法は、浮上分離法に比べて発生汚泥量が多い傾向にある。

(2) 動植物油の除去が主な目的である。

(3) 浮上分離法としては、一般的に加圧浮上法が用いられる。

(4) 施設のコンクリート壁面などは、腐食対策が必要となる。

(5) 施設から発生する汚泥は、産業廃棄物として処理する。

解答 1

解説 発生汚泥量は、生物処理法＜浮上分離法

5

給水及び排水の管理

排水槽・排水ポンプ

□排水槽の底部の勾配：1/15以上1/10以下
□排水槽のマンホール：直径600mm以上の円が内接できるもの
□排水ポンプ：吸込みピットの壁などから200mm以上離す
□湧水槽のポンプ起動の高水位は、二重スラブ底面の床面**以下**とする
□**汚物**ポンプ：厨房排水、汚水など固形物を含む排水を排除する
□ばっ気する場合は排水槽内が**正圧**になるので排気する

例題

令和元年 問題132

排水槽及び排水ポンプに関する次の記述のうち、最も不適当なものはどれか。

(1) 排水槽内は、ブロワによってばっ気をすると負圧になるので給気を行う。

(2) 排水槽の底部の勾配は、吸込みピットに向かって1/15以上1/10以下とする。

(3) 排水槽内の排水ポンプは、吸込みピットの壁などから200mm以上離して設置する。

(4) 排水槽のマンホールは、排水水中ポンプ又はフート弁の直上に設置する。

(5) 即時排水型ビルピット設備は、排水槽の悪臭防止に有効である。

解答 1
解説 ばっ気すると正圧になるので排気する。

133 雨水排水設備

雨水排水設備

□雨水排水系統は、**単独系統として**屋外に排出する

□雨水立て管と排水立て管は、**兼用してはならない**

□ルーフドレンのストレーナ開口面積：雨水管径の**2倍**
　以上

例題

平成 30 年 問題 128

雨水設備に関する次の記述のうち、最も不適当なものはどれか。

(1) 雨水浸透方式は、下水道への負荷の軽減や、地下水の涵養
　を図るために設ける。

(2) 雨水ますの流出管は、流入管よりも管底を 20mm 程度下
　げて設置する。

(3) 雨水ますの底部には 100mm 程度の泥だめを設け、土砂
　などが下水道へ流出することを防止する。

(4) 雨水排水管と合流式の敷地排水管を接続する場合は、ト
　ラップますを設け、ルーフドレンからの悪臭を防止する。

(5) ルーフドレンのストレーナの開口面積は、それに接続す
　る雨水排水管の 2 倍程度とする。

解答 3

解説 雨水ますには 150mm 以上の泥だめを設ける（125 排水設
備参照）。

5

給水及び排水の管理

排水の水質

□BOD：生物化学的酸素要求量。20℃で5日間にて、微生物によって消費される酸素量

□COD：化学的酸素要求量。酸化剤によって消費される酸素量

□SS：排水中に浮遊する懸濁物質。2mmのふるいを通過し1μmのろ過材上に残留する物質

□全窒素：有機性窒素、アンモニア性窒素、亜硝酸性窒素、硝酸性窒素の総和

例題

平成30年 問題126

排水の水質項目に関する次の記述のうち、最も不適当なものはどれか。

(1) DOとは、水中に溶解している分子状の酸素である。

(2) 活性汚泥沈殿率（SV）は、活性汚泥の量や沈降性の指標として用いられる。

(3) 全窒素とは、有機性窒素、アンモニア性窒素、亜硝酸性窒素及び硝酸性窒素の総和である。

(4) 大腸菌群は、し尿中に多く含まれ、汚水処理の進行に伴いその数は減少する。

(5) BODは、水中の酸化可能性物質、主として有機物質が酸化剤によって酸化される際に消費される酸素量を表したものである。

解答 5

解説 酸化剤によって消費される酸素量はCODである。BODは微生物によって消費される酸素量である。

135 浄化槽・浄化槽法

浄化槽

□ **生物膜法**：担体流動法、回転板接触法、**接触**ばっ気法、**散水ろ床法**

□ **活性汚泥法**：**長時間ばっ気法**、**標準活性汚泥法**

□ **浮遊性の有機物質の除去**：急速砂ろ過法、**凝集沈殿法**（リン化合物など）

□ **消毒剤の溶解速度**：無機系塩素剤＞有機系塩素剤

□ 接触ばっ気法のフロー（501 人以上）

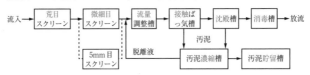

□ 長時間ばっ気法のフロー

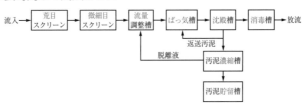

浄化槽法

□ **浄化槽の定義**：し尿と**雑排水**を処理

□ **浄化槽製造業**：**認定制度**

□ **浄化槽工事業**：**登録制度**

□ **浄化槽清掃業**：**許可制度**

□ **浄化槽管理士**：浄化槽の**保守点検**

□ **浄化槽設備士**：浄化槽の**工事監督**

5

給水及び排水の管理

令和元年 問題138

浄化槽法で規定されている事項として、誤っているものは次の
うちどれか。
(1) 浄化槽製造業の登録制度
(2) 浄化槽工事業の登録制度
(3) 浄化槽保守点検業の登録制度
(4) 浄化槽清掃業の許可制度
(5) 浄化槽設備士及び浄化槽管理士の国家資格

解答 1
解説 浄化槽製造業は認定制度が整備されている。

例題 2 平成27年 問題137

浄化槽に採用されている処理法のうち、生物膜法に分類されな
いものは次のうちどれか。
(1) 担体流動法
(2) 回転板接触法
(3) 散水ろ床法
(4) 接触ばっ気法
(5) 長時間ばっ気法

解答 5
解説 本文参照

136 　浄化槽の管理

学習 ／

浄化槽の管理

□放流水 BOD 濃度の基準値：20mg/L 以下
□活性汚泥法
　点検回数：1 週間に 1 回
　汚泥容量指標 (SVI)：沈殿汚泥 1g が占める容積 [mL]
□点検内容
　沈殿槽：スカム・堆積汚泥の生成状況など（沈殿槽では撹拌しない）
　嫌気ろ床槽：スカム・堆積汚泥の生成状況など
　ばっ気槽：MLSS 濃度（活性汚泥法）、溶存酸素濃度など
　接触ばっ気槽：生物膜の付着状況など
□最初の保守点検は、使用開始直前に行う
□指定検査機関の水質検査：使用開始後 3 カ月を経過した日から 5 カ月間

例題

平成 30 年 問題 137

浄化槽法に規定する放流水の水質の技術上の基準に示されている BOD の値として、正しいものは次のうちどれか。

(1) 20mg/L 以下
(2) 30mg/L 以下
(3) 60mg/L 以下
(4) 90mg/L 以下
(5) 120mg/L 以下

解答　1
解説　本文参照

5
給水及び排水の管理

137 浄化槽の計算（BOD）

浄化槽の計算

　□BOD 除去率

　　BOD 除去率＝

　　$\dfrac{\text{流入水の BOD 濃度 [mg/L]} - \text{放流水の BOD 濃度 [mg/L]}}{\text{流入水の BOD 濃度 [mg/L]}} \times 100\,[\%]$

　□BOD 容積負荷：1m³ 当たりの 1 日当たりに流入する BOD
　　量。単位は kg/(m³・日)

例題
令和元年 問題 139　一部改変

下図のように、一次処理装置、二次処理装置からなる浄化槽に
おいて、一次処理装置の BOD 除去率が 30%、二次処理装置の
BOD 除去率が 50% であった場合の浄化槽全体の BOD 除去
率 [%] を求めよ。

解答 65%

解説 一次処理装置に流入する BOD を 100 [%] とすると、
一次処理装置で除去される BOD：100 × 0.3＝30 [%]
一次処理装置で除去されず二次処理装置に流入する
BOD：100−30＝70 [%]
二次処理装置で除去される BOD：70 × 0.5＝35 [%]
一次処理装置と二次処理装置で除去される BOD：30＋35＝**65** [%]

138 浄化槽の計算（汚泥）

浄化槽の計算

□汚泥の水分と容積の関係

$$V_b = \frac{100-a}{100-b} \times V_a$$

V_a：汚泥の濃縮または脱水前の容積 $[\mathrm{m}^3]$
V_b：汚泥の濃縮または脱水後の容積 $[\mathrm{m}^3]$
a　：汚泥の濃縮または脱水前の水分 $[\%]$
b　：汚泥の濃縮または脱水後の水分 $[\%]$

□複合用途ビルの浄化槽の処理対象人員は、各用途の処理対象人員を合算する

| 例題 | 平成27年 問題139　一部改変 |

水分99.0%の汚泥 $12\mathrm{m}^3$ を水分98.0%に濃縮した場合、濃縮後の汚泥の容積 $[\mathrm{m}^3]$ を求めよ。

解答 6.0m³

解説
濃縮後の汚泥の容積 $= \dfrac{100-99}{100-98} \times 12 = 6.0\,[\mathrm{m}^3]$

5

給水及び排水の管理

下水道

□ **合流式**：汚水と**雨水**が合流、**分流式**：汚水と**雨水**が分流
□ **流域下水道**：2以上の**市町村**にまたがる。事業主体は**都道府県**
□ 便所系統からの排水系統は**暗渠**とする

水質汚濁防止法の特定施設（主なもの）

□ **旅館業**の用に供する施設で次のもの
　厨房施設・洗濯施設・入浴施設
□ **飲食店**に設置される厨房施設
　（総床面積が **420**m² 未満の事業場に係るものを除く）
□ **病院**で病床数が **300** 以上であるものに設置される施設で次のもの
　厨房施設・洗浄施設・入浴施設

例題

令和元年 問題 127

下水道に関する次の記述のうち、最も不適当なものはどれか。

(1) 下水道は、流域下水道、公共下水道、都市下水路に分けられる。

(2) 下水道施設は、排水管渠、処理施設及びポンプ施設等から構成されている。

(3) 合流式とは、汚水と雨水を同一の管渠系統で排除する方式をいう。

(4) 下水の温度が基準値以上の場合には、除害施設を設置する必要がある。

(5) 流域下水道の事業主体は、原則として市町村である。

解答 5
解説 流域下水道の事業主体は、原則として**都道府県**である。

140 消火設備

消火設備

□消防設備点検

機器点検：**作動点検・機能点検・外観点検**、6カ月に1回

総合点検：1年に1回

□**屋内消火栓**設備：公設消防隊が到着するまでの初期消火

□**連結送水管**：公設消防隊が使用する消防隊専用栓

□**泡消火設備**：油火災用、**駐車場**など。**窒息・冷却**作用

□スプリンクラ設備

開放型：**手動開放**により散水。**舞台部**に設置

閉鎖型：ヘッドの感熱部が分解して散水

閉鎖型湿式：ヘッドに常時、水が充填

閉鎖型乾式：ヘッドに常時、**圧縮空気**が充填。**凍結防止**

閉鎖型予作動式：感知器とヘッドの連動で散水。**水損防止**

放水型：大空間用

□**不活性ガス**消火設備：**希釈**作用。電気室、ボイラ室など

□**粉末**消火設備：**負触媒**作用

□**金属火災**：MgやNaなど酸素と反応しやすい金属の火災

5

給水及び排水の管理

例題

令和元年 問題140

消火設備に関する次の記述のうち、最も不適当なものはどれか。

(1) 連結散水設備は、消火活動が困難な地下街に設置される。

(2) 閉鎖型予作動式スプリンクラ設備は、アトリウムなどの
大空間に設置される。

(3) 屋内消火栓設備は、建築物の関係者や自衛消防隊が初期
消火を目的として使用するものである。

(4) 粉末消火設備は、消火薬剤として炭酸水素ナトリウムな
どの粉末を使用する。

(5) 泡消火設備は、駐車場や飛行機の格納庫等に設置される。

解答 2　　**解説** 大空間には**放水型**が用いられる。

第 **6** 章

清掃

建築物環境衛生管理基準

□掃除を日常に行う

□大掃除を6カ月以内ごとに1回、定期的に、統一的に行う

建築物環境衛生維持管理要領

□資材保管庫の点検：6カ月以内ごとに1回

□廃棄物処理設備の点検：6カ月以内ごとに1回

空気調和設備等の維持管理及び清掃等に係る技術上の基準

□床面の清掃

日常除じん作業のほか、床維持剤の塗布の状況を点検し、必要に応じ、再塗布等を行う

□カーペット類の清掃

日常除じん作業のほか、汚れ状況を点検し、必要に応じ、シャンプークリーニング、しみ抜き等を行う。洗剤分がカーペット類に残留しないようにする

□日常的に清掃を行わない箇所の清掃：6カ月以内ごとに1回、点検、必要に応じ洗浄等を行う

□外装の清掃は含まれていない

例題 1

令和元年 問題141

建築物における衛生的環境の維持管理について（平成20年1月25日健発第0125001号）に示された、建築物環境衛生維持管理要領に関する次の記述のうち、最も不適当なものはどれか。

(1) 帳簿書類には、清掃、点検及び整備を実施した年月日、作業内容等を記載する。

(2) 清掃用機械及び器具は、清潔なものを用い、汚染度を考慮して区域ごとに使い分ける。

(3) 大掃除においては、1年以内ごとに1回、日常清掃の及び
にくい箇所等の汚れ状況を点検し、必要に応じ除じん、洗浄
を行う。

(4) 清掃用機械及び器具類、清掃用資材の保管庫は、6カ月以
内ごとに1回、定期に点検する。

(5) 収集・運搬設備・貯留設備等の廃棄物処理設備は、6カ月
以内ごとに1回、定期に点検する。

解答 3

解説 大掃除は6カ月以内ごとに1回行う。

例題2　　　　　　　　　　　　　　　　平成29年 問題141　一部抜粋

空気調和設備等の維持管理及び清掃等に係る技術上の基準（平
成15年厚生労働省告示第119号）における清掃に関する次の
記述のうち、誤っているものはどれか。

(1) 床面の清掃について、日常における除じん作業のほか、床
維持剤の塗布の状況を点検し、必要に応じ、再塗布等を行う
こと。

(4) カーペット類の洗剤を使用する場合は、洗剤分が残留し
ないようにすること。

(5) カーペット類の清掃は、1カ月以内ごとに1回定期的に
しみ抜きを行うこと。

解答 5

解説 しみ抜きは必要に応じ行う。

作業計画書

- □ 清掃作業基準表：清掃内容の詳細を示した図表
- □ 作業手順書：作業名、作業項目、作業手順、**使用資機材**と数量、注意事項、品質状態
- □ 作業標準時間：**標準的**な清掃従事者（よく慣れた人の適正な努力）の作業時間
- □ 資機材倉庫：大規模な建築物の場合は、必要に応じ**分散**させる。濡れるので、床、壁面は疎水性の建材または**防水**加工する
- □ 記憶、**経験**を基にした**個人**的管理手法ではなく、**データ**を基にした**合理**的管理手法
- □ 作業実態分析を行い、状況に応じて作業方法を**変える**

安全衛生

- □ 清掃作業の事故は、**転倒・転落**が大多数
- □ ローリングタワー：移動式**足場**
- □ 脚立：踏面は適切な**面積**を有していること

例題

令和元年 問題143 一部抜粋

建築物清掃の作業計画に関する次の記述のうち、最も不適当なものはどれか。

(1) 記憶や経験を基にした個人的な管理手法のため、作業指示が円滑になる。

(4) 計画的に作業を実施できることから、限られた時間内に一定の成果が得られる。

(5) 日常清掃で除去する汚れと定期的に除去する汚れを区別することによって、作業効率と作業成果の向上が得られる。

解答 1
解説 本文参照

143 日常清掃と定期清掃

日常清掃と定期清掃

- □作業頻度により日常清掃、定期清掃、臨時清掃に分けられる
- □日常清掃で除去する汚れと、定期清掃で除去する汚れを区別する
- □フロアマットの除じん：日常清掃
- □フロアマットの洗浄：定期清掃
- □換気口の除じん：定期清掃
- □外周区域の洗浄：定期清掃
- □エレベータかご内の除じん：日常清掃
- □エスカレータパネル類の洗剤拭き：定期清掃
- □壁面スイッチ回りの洗剤拭き：定期清掃
- □管理用区域：日常清掃
- □湯沸室の流し台の洗浄：日常清掃
- □照明器具の清掃：定期清掃
- □廊下壁面のスポット清掃：定期清掃
- □エスカレータのランディングプレートの除じん：日常清掃

6
清掃

例題

令和元年 問題 142 一部抜粋

建築物清掃の標準的な作業計画に関する次の記述のうち、最も適当なものはどれか。

(3) トイレ・洗面所の換気口の除じんは、定期清掃として実施する。

(4) 一般の人が立ち入らない管理用区域の清掃は、年 2 回程度実施する。

(5) エスカレータパネル類の洗剤拭きは、日常清掃として実施する。

解答 3
解説 本文参照

144 品質評価・ビルクリーニング5原則

品質評価

□品質の評価は**利用者の立場**に立って行う

□きれいさの評価：基本的に**目視**で行う

□評価範囲：汚染度の**高い**箇所に重点を置く

□評価のフィードバック：管理者→清掃**責任者**→清掃従事者

□組織品質：**事業所管理品質と現場管理品質**

ビルクリーニング5原則

□**建材の知識**、**汚れの知識**、**洗剤の知識**、**作業方法の知識**、**保護膜の知識**

例題

令和元年 問題146

建築物清掃の点検評価に関する次の記述のうち、最も不適当なものはどれか。

(1) 建築物清掃の実施状況の点検については、四半期ごとに実施する。

(2) 清掃作業の評価は、利用者の立場に立って実施する。

(3) 評価範囲は、汚染度合いの高い箇所などに重点を絞る。

(4) 作業の改善は、作業仕様書や作業基準書に限定しないで行う。

(5) 清掃作業の点検評価は、主として測定機器（光沢度計など）を用いて行う。

解答 5

解説 清掃業務の点検評価は、主として**目視**で行う。

145 予防清掃

予防清掃

- □疎水性の建材：油溶性物質が付着しやすい
- □親水性の建材：水溶性物質が付着しやすい
- □平滑緻密な面は、汚れが付着しにくい
- □建材に洗剤分が残留していると汚れが付着しやすい
- □気密性の高い現代建築のほこりの侵入経路：**出入り口**が重要視される
- □エアカーテン：ほこりの侵入防止
- □汚れの量、付着力の比較：自然的な汚れ＜人為的な汚れ
- □建材の改良は、自然的な汚れ、人為的な汚れ防止に効果がある
- □シール材・床維持剤の塗布：汚れの予防効果あり

例題

令和元年 問題 147

建材の予防清掃に関する次の記述のうち、最も不適当なものはどれか。

(1) ほこり以外の汚れ物質は、人間の活動に伴って付着することが多い。

(2) 高気密化している建築物では、窓や隙間がほこりの侵入路として重要視されている。

(3) 汚れは、凹凸が多くて粗い表面には付着しやすく、付着すると除去しにくい。

(4) 建材が親水性か疎水性かによって、付着する汚れの種類は異なる。

(5) シール剤や床維持剤の塗布により、汚れの予防効果が得られる。

解答 2

解説 出入り口がほこりの浸入路として重要視されている。

6

清掃

201

ほこりや汚れの除去

- □ほこりは、放置すると**経時変化**し、除去し**にくくなる**
- □かさ高固着物：**物理的な力**により除去する
- □プラスチック製品上のほこり：**静電気力**により吸着している
- □ダストコントロール法
  - 粘度の**低い**不乾性の鉱油を含浸させた布を使用
  - **ほこり**以外は除去できない
  - 油剤処理されたダストモップは、油汚れの除去に適してい**ない**
- □ダストクロス法
  - 化学繊維の不織布の**静電気**を利用
  - 繊維の**すき**間で土砂を回収
  - 油剤処理していないので、ダストコントロール法より油分の弊害が**少ない**
- □バキュームクリーニング：カーペットの織り目内のほこり等を除去**できる**
- □はたき掛け：ほこりが飛散するため閉鎖空間に適してい**ない**
- □おがくず：ほこりを付着させる効果が**大きい**
- □油溶性物質は**洗剤**などを用いて**化学**的に除去する

例題1 　　　　　　　　　　　　　　　　　平成 30 年 問題 147

ほこりや汚れの除去に関する次の記述のうち、最も適当なもの
はどれか。
(1) おがくずを用いる方法は、ほこりを付着させる効果が小
　　さい。
(2) ほこりは長期間放置した方が除去しやすい。
(3) 粘度の低い不乾性の鉱油などを布に含ませ、ほこりを除
　　去する方法をダストコントロール法という。
(4) バキュームクリーニングでは、カーペットの織り目に入
　　り込んだほこりや土砂は除去できない。
(5) ダストクロス法は、油分による床面への弊害が多い。

解答 3
解説 (1) おがくずはほこりを付着させる効果が大きい。(2) ほこり
は放置すると除去しにくくなる。(4) バキュームクリーニングはカー
ペットの織り目内のほこり等を除去できる。(5) ダストクロス法は、
油分による床面への弊害が小さい。

例題2 　　　　　　　　　　　　　　　平成 29 年 問題 145 　一部抜粋

ほこりや汚れの除去に関する次の記述のうち、最も適当なもの
はどれか。
(1) 油溶性物質は水に混ざりにくいため、ブラシを用いて物
　　理的に除去する。
(3) はたきがけは、建築物室内の清掃方法に適している。
(5) 水で湿ったタオルで汚れの部分を軽くこすり、タオルに
　　付着すれば水溶性の汚れである。

解答 5
解説 水で湿ったタオルに付着すれば水溶性である。

建材

☐アルミ：耐**アルカリ性**に乏しい

☐大理石、テラゾ、コンクリート：耐**酸性**に乏しい

☐花崗岩：耐**酸性**、耐**アルカリ性**に富むが、耐熱性に乏しい

☐セラミックタイル：耐酸性、耐アルカリ性に**富む**

床材

☐リノリウム：耐アルカリ性に**乏しい**

☐ゴムタイル：耐磨耗性に**富む**が、耐溶剤性、耐アルカリ性に**乏しい**

☐塩化ビニルタイル：耐薬品性、耐**洗剤性**、耐水性に富む

☐塩化ビニルシート、塩化ビニルタイルピュア系：床維持材の密着性に**難がある**

カーペット材

☐ポリプロピレン：復元性に**乏しい**

☐ポリエステル、アクリル：含水率が**低く**、染色され**にくい**。親水性の汚れが取り**やすい**

☐ウール：含水率が高く、染色され**やすい**

☐ナイロン：耐**久**性に富む

例題

令和元年 問題151 一部抜粋

弾性床材の特徴と管理に関する次の記述のうち、最も適当なものはどれか。

(1) 塩化ビニルシートは、床維持剤の密着不良が起きにくい。

(2) 塩化ビニル系床材は、耐薬品性や耐水性に富む。

(5) 塩化ビニルタイルは、可塑剤を含まない。

解答 2

解説 (1) 密着不良が**起きやすい**。(5) 塩化ビニルタイルは**可塑剤**を含む。

洗剤

□合成洗剤：化学的に合成された界面活性剤。硬水中での洗浄力が低下しない

□表面洗剤：床維持剤を傷めないよう**中性またはアルカリ性**で、**泡立ちが少ない**

□カーペット用洗剤：発泡性の強い界面活性剤

□一般用洗剤：弱アルカリ性

□酸性洗剤：**尿石や水あか**の除去に用いられる

□界面活性剤の分類：**陰イオン系、陽イオン系、両性系、非イオン系**

□助剤
界面活性剤の表面張力を**低下**させ、洗浄力を向上させる。**リン酸塩は使用されていない**

□洗剤の濃度と洗浄効果は**比例しない**

例題

令和元年 問題150　一部抜粋

清掃作業に使用する洗剤に関する次の記述のうち、最も不適当なものはどれか。

(1) 酸性洗剤は、小便器に付着した尿石や、鉄分を含んだ水垢_{あか}等の除去に有効である。

(2) アルカリ性洗剤は、幅広い用途に使用されるが、床材や作業方法に注意して使う必要がある。

(5) 表面洗剤には、界面活性剤や助剤が配合されているので、泡立ちやすいものが多い。

解答 5
解説 表面洗剤は泡立ちが少ない。

6

清掃

床維持剤

□床維持剤の塗布：ほこりの除去頻度を**減らす**

□フロアフィニッシュ：**仕上げ剤**
　フロアポリッシュ、フロア**シーラ**、フロア**オイル**に大別。
　床用**塗料**を含有していない

□フロアシーラ：**目止め**剤。物理的・化学的方法により容易に
　除去できない

□フロアオイル：表面加工されていない木質床に用いられる

□フロアポリッシュ
　ワックスタイプと**ポリマ**タイプがある
　水性ポリマタイプが多用されている
　シールされていない木質床材には、**油性ポリッシュ（油性
　ワックス）**を使用する

例題

平成 29 年 問題 151

床維持剤に関する次の記述のうち、最も適当なものはどれか。

(1) フロアフィニッシュは、顔料などの着色剤を含有する床
　用塗料である。

(2) フロアシーラは、目止め剤として使用し、床の保護と美観
　を向上する。

(3) フロアポリッシュは、物理的・化学的方法により、容易に
　除去できない製品群をいう。

(4) フロアオイルは、主に表面加工された木質系床材の保護
　のために用いられる。

(5) フロアポリッシュは、水性ワックスタイプが多く使われ
　ている。

解答 2
解説 本文参照

剥離剤

□ **アルカリ性**で、樹脂床維持剤の皮膜を溶解する
□ **低級アミン**を主剤とし、**界面活性剤**が添加されている
□ **塩化ビニル系床材**に、変色などの影響を及ぼ**さない**
□ ゴム系、リノリウムなどの**木質床材**に、変色などの影響を及ぼす
□ フロアシーラを容易に除去**できない**
□ すすぎを十分（すすぎ拭き1回では**不足**）に行うか、リンスで中和させる
□ 清掃作業者の**皮膚をおかす恐れ**がある

例題

平成28年 問題150

剥離剤の性質及び使用法に関する次の記述のうち、最も適当なものはどれか。

(1) 塩化ビニル系床材に変色などの影響を及ぼす。
(2) フロアシーラを容易に剥離できる。
(3) 酸性で、樹脂床維持剤の皮膜を溶解する。
(4) 木質床材に変色や組織の破壊などの影響を及ぼす。
(5) 剥離剤の使用後、すすぎ拭きは1回とし、樹脂床維持剤を塗布する。

解答 4
解説 （1）変色などの影響を及ぼさない。（2）容易に除去できない。
（3）アルカリ性である。（5）すすぎ1回では不足である。

6

清掃

床みがき機

- □ 1 ブラシ式、ブラシの直径は 20〜50cm、交流電源、毎分 150〜300 回転が一般的
- □ 凹凸のある床面には、パッドではなくブラシを使用する
- □ 床みがき機の床用パッド

  黒・茶ー剥離作業

  緑・青ー洗浄作業

  赤・白ーみがき作業
- □ 超高速床みがき機

  毎分 1,000〜3,000 回転。カーペット用シャンプークリーニングに用いられない
- □ 床面洗浄用ロボットの連続作業時間：1 バッテリー30〜60 分

カーペット清掃用機材

- □ スクラバ方式

  洗剤供給式床みがき機のブラシにより、洗剤がカーペットにこすりつけられて発泡

  化学繊維のタフテッドカーペットに適す
- □ 噴射吸引式（エクストラクタ）：洗剤液を噴射して直ちに吸引
- □ ローラブラシ方式：洗剤が機械内部で発泡して、床に供給される
- □ 洗浄力の比較：ローラブラシ方式＜スクラバ方式
- □ 残留水分量の比較：スチーム洗浄機＜噴射吸引式（エクストラクタ）

カーペット清掃用機械に関する次の記述のうち、最も不適当なものはどれか。

(1) ローラブラシ方式の洗浄機は、パイルに対する当たりが柔らかで、パイルを傷めることが少ない。

(2) スチーム洗浄機は、カーペットのしみ取りにも使われる。

(3) アップライト型真空掃除機は、カーペットのほこりを取るのに適している。

(4) 洗剤供給式床みがき機は、ウールのウィルトンカーペットの洗浄に適している。

(5) エクストラクタは、水分に耐えるカーペットの洗浄に適している。

解答 4

解説 タフテッドカーペットの洗浄に適している。

6

清掃

カーペット清掃用機械に関する次の記述のうち、最も不適当なものはどれか。

(2) 床移動型のドライ式真空掃除機は、床を回転ブラシで掃きながら、ごみやほこりを吸引する構造である。

(4) エクストラクタは、ノズルから洗浄液を噴射して、直ちに吸引する構造である。

(5) スチーム洗浄機は、高温の水蒸気で汚れを分解するため、水分が少なく仕上がりも柔らかい。

解答 2

解説 (2)は、一般にアップライト型真空掃除機の記述である。152 真空掃除機参照。

真空掃除機

真空掃除機

□機械内部に空気の**低圧域**をつくり、ほこりを吸引

□床移動型のドライ式：**コード式**が主流

□床移動型のウェット式

　吸引した汚水は**機内**の汚水タンクに溜まる

　排気はモータ部に**回らない**

□アップライト型

　回転ブラシで掃きながら、カーペット**パイル**内のほこりを吸引

　フィルタバッグが**大きい**。吸込み風量が**多い**

　かさ高固着物は除去**できない**

□自動床洗浄機：**洗剤供給式床みがき機＋吸水式真空掃除機**

□フィルタ付き掃除機：**0.5～10μm**以上の微粒子を捕捉

例題

平成29年 問題149　一部抜粋

カーペットクリーニングに関する次の記述のうち、最も不適当なものはどれか。

(2) アップライト型真空掃除機は、カーペットのほこりを取るのに適する。

(3) 通常のフィルタ付き真空掃除機は、0.3μm程度の微粒子を捕捉するように設計されている。

(4) 真空掃除機は、電動ファンによって機械内部に空気の低圧域を作りほこりを吸引する。

解答 3

解説 0.3μmは**高性能**フィルタ付き掃除機の領域である。

153 ドライメンテナンス法

学習 /

ドライメンテナンス法

□ウェットメンテナンス法との比較

部分補修がしやすい。使用資機材が少ない。安全性が高い。

熱影響に注意が必要。滑りや転倒が少ないので安全性が高い

□ドライバフ法

スプレー液を使用せず、研磨剤を含まない白パッドにて高速

でみがく。回転数が高いほど光沢回復が容易

□スプレーバフ法

スプレー液を使用して、表面の細かな傷と軽度の汚れを赤

パッドでみがき、除去する

□スプレークリーニング法

フロアポリッシュ被膜内の汚れを、フロアポリッシュ皮膜と

ともに削り取る

仕上げにフロアポリッシュを塗布する

例題

令和元年 問題154 一部抜粋

清掃におけるドライメンテナンスに関する次の記述のうち、最も不適当なものはどれか。

(2) スプレークリーニング法の仕上げには、フロアポリッシュを塗布する。

(3) ウェットメンテナンス法に比べ、滑りや転倒が多いので注意が必要である。

(5) ドライバフ法で用いる床みがき機は、回転数が高いほど、光沢度の回復が容易である。

解答 3

解説 滑りや転倒は少ない。

6

清掃

カーペット床清掃

カーペット床清掃

□全面クリーニング

パイル奥の汚れの除去

ローラブラシ方式、エクストラクション方式、**シャンプークリーニング**方式

□スポットクリーニング

パイル上部の汚れの除去

パウダー方式、**拭き取り**方式、エクストラクション方式

□パイル**内**のほこりの除去：アップライト型真空掃除機

□パイル**表面**のほこりの除去：カーペットスイーパ

□しみ取り作業は、**すぐ**に行う

□**カーペットスイーパ**：手動回転ブラシでほこりを巻き込む

□カーペットのほつれ：施工初期に**カット**すればよい

例題

平成 28 年 問題 151

カーペット清掃に関する次の記述のうち、最も適当なものはどれか。

(1) カーペットのほつれは、年に 1〜2 回まとめて処理する。

(2) しみ取り作業は、定期作業で行う。

(3) カーペットスイーパは、回転ブラシを電動モーターで回して掃き取り、内部に巻き込む機構になっている。

(4) 全面クリーニング方式の一つとして、パウダー方式がある。

(5) パイル上部の汚れ除去には、拭取り方式を用いる。

解答 5

解説 拭取り方式は、パイル上部の汚れ除去に用いられる。

外装・窓ガラス清掃

外装清掃

- □磁器タイルは、汚れが**目立たない**
- □金属材の汚れは、**軽微なうち**に、**スポンジやウエス**で拭き取る
- □金属材の清掃回数：1年に1回。臨海工業地帯は1年に**4〜6回**
- □光触媒酸化チタンコーティングは、**清掃回数を減らす**効果が期待されている

窓ガラス清掃

- □窓ガラス清掃回数：1〜2カ月に1回。臨海工業地帯は1カ月に1回程度
- □スクイジー法：ガラス面に水を塗布し、窓用スクイジーでかき取る
- □自動窓拭き設備
  水または**洗剤**を塗布して、ブラシ洗いし、スクイジーでかき取る
  仕上がりは人の作業に**劣る**。天候に左右**されない**。効率が**よい**
- □ガラスに張ったフィルム面は、研磨剤入り洗剤で洗浄**しない**
- □窓ガラス用フィルムは剥がさないで清掃を行う

6

清掃

例題 1

外装の清掃に関する次の記述のうち、最も不適当なものはどれか。
(1) 石材や磁器タイルの壁面は、3～5年に1回洗浄を行う。
(2) 自動窓拭き設備には、スチーム洗浄機が組み込まれている。
(3) 臨海工業地帯の金属製の外壁は、1年に4～6回洗浄を行う。
(4) アルミニウム板は、通常、表面に保護膜が施されているが、徐々に汚れが付着する。
(5) 金属製の外壁は、中性洗剤か専用洗剤を用いて、スポンジ又はウエスで拭き取る。

解答 2

解説 自動窓拭き設備にはスチーム洗浄機は組み込まれていない。

例題 2

外装の清掃に関する次の記述のうち、最も不適当なものはどれか。
(1) 金属製の外壁は、硬質ブラシでこすり洗いをする。
(2) 石材や陶磁器タイルの壁面は、徐々に汚れていくので、3～5年に1回程度の頻度で洗浄を行う。
(3) 海岸地帯の金属製の外壁は、年に3～4回程度の頻度で洗浄を行う。
(4) 臨海工業地帯の窓ガラスは、汚れが付きやすいので、月に1回程度の頻度で洗浄を行う。
(5) 自動窓拭き機は、洗剤又は水をガラス面に噴射して洗浄し、汚水をかき集め、真空吸引装置で回収する構造となっている。

解答 1

解説 硬質ブラシは金属にキズがつくので使用しない。

トイレ

☐ トイレを全面的に使用禁止するような措置をとらない

☐ 小便器内側の汚れは、尿石や鉄分を含んだ水あかである

☐ 便器の清掃用具とその他の清掃用具は、区別する

エレベータ

☐ 使用頻度の高い出退勤時・昼食時は、清掃作業は避ける

☐ 人により、床面が磨耗しやすい。土砂が持ち込まれやすい

☐ 気流により、ほこりが付着しやすい

☐ インジケータや扉の汚れは、人の手垢で非水溶性である

☐ インジケータや扉の手垢は、夏のほうが冬よりも付きやすい

その他

☐ 夏は汗ばみ、手垢が付きやすい

☐ 冬は乾燥し、ほこりが目立つ

☐ ほこりの付着量の比較：廊下の壁面＜階段の壁面

☐ 机の上のほこりは、よく絞ったタオルで拭き取る

☐ 吹出し口の清掃は、真空掃除機と拭き取りを併用する

☐ 手指の接触による汚れは、から拭きでは落ちないので、洗剤等を使用する

☐ 金属に保護膜を塗布すると、汚れが付着しにくく、落としやすい

☐ クリアラッカは、半年後くらいから黄変する

☐ ノロウイルス嘔吐物：塩素系消毒剤で清掃する

6

清掃

例題1

令和元年 問題156

床以外の清掃作業に関する次の記述のうち、最も適当なものはどれか。

(1) 廊下の壁面は、階段の壁面と比較して、ほこりの付着量が多い。

(2)　ドア・エレベータスイッチは、冬期は夏期に比べ手垢（あか）が付きやすくなる。

(3)　エレベータの壁は、手垢で汚れやすいので表面に保護膜を塗布しておくとよい。

(4)　トイレの清掃は、衛生上の観点から利用者の使用を全面的に禁止して作業を行う。

(5)　照明器具は静電気でほこりがたまりやすく、照度低下があるため、毎日清掃する必要がある。

解答 3
解説 本文参照

例題2　　　　　　　　　　　　　　　　　　　　　平成29年 問題157

建築物の清掃・消毒に関する次の記述のうち、最も不適当なものはどれか。

(1)　平常時の清掃における衛生管理の基本はゾーニング管理であり、使用する清掃用具を分けて作業する。

(2)　感染症発生時の消毒のために、建築物衛生管理担当者は消毒剤の種類や使用方法、対象物件等についての理解を深めておく必要がある。

(3)　ノロウイルス感染により嘔吐（おう）したと思われたので、嘔吐物をぬぐいとり、その部分を含む広い範囲を消毒した。

(4)　ノロウイルスに対する消毒効果が高い消毒薬として、逆性石けんがある。

(5)　感染症対策として、トイレ清掃時に消毒剤（次亜塩素酸、過酸化水素水等）を含んだ洗剤を使用した。

解答 4
解説 ノロウイルスの消毒効果は塩素系消毒剤が有している。

廃棄物統計

廃棄物統計

□一般廃棄物の1人1日の排出量：平成29年度は**920g**

□一般廃棄物の最終処分量：6年連続で**減少**している（平成29年度現在。環境省統計より）

□生活系と事業系の一般廃棄物：**生活系**のほうが多い（平成29年度は約70%）

□産業廃棄物の種類：**汚泥**が最も多い（平成29年度は44.5%）

□産業廃棄物の多い業種：上位5業種（平成29年度）

①**電気・ガス・熱供給・水道業**

②建設業

③農業・林業

④パルプ・紙・紙加工品製造業

⑤鉄鋼業

□ごみ収集手数料の有料化：**過半数**の自治体で実施している

□産業廃棄物の約半数が**再生処理**されている

例題

平成29年 問題159 改題

平成29年度の廃棄物の排出及び処理状況等に関する次の記述のうち、最も不適当なものはどれか。

(3) ごみ総排出量は4,289万トンで、そのうち、70%が事業系ごみ、30%が生活系ごみである。

(4) 業種別の産業廃棄物の排出量では、電気・ガス・熱供給・水道業が最も多い。

(5) 産業廃棄物の総排出量の52%に当たる約2億トンが再生利用されている。

解答 3

解説 生活系と事業系の一般廃棄物では、**生活系**のほうが多い。

6

清掃

廃棄物の特徴・用語

□容積質量値（単位容積当たりの質量）の比較

厨芥は可燃物の**5～6倍**

家庭からの廃棄物＞事務所建築物の廃棄物

（家庭の方が**厨芥**が多いため）

□事務所建築物の廃棄物：**紙類**の比率が高い

□百貨店の廃棄物：**紙類**の比率が高い

□ホテルの廃棄物：**紙類と厨芥**の比率が高い

□廃棄物発生量の原単位：**時間**当たりの発生量で表す

□単位時間・単位面積当たりの廃棄物発生量の比較

事務所ビル＜店舗ビル

□**マテリアル**リサイクル：再生利用

□**サーマル**リサイクル：熱回収

□コンポスト：**堆肥化**

□廃棄物の減量化：最終処分の前に容量を減少させること

□一般廃棄物は**管理**型最終処分場で処分される

例題

令和元年 問題159

ごみの処理に関する次の記述のうち、最も不適当なものはどれか。

(1) 一般廃棄物の埋立処分は、遮断型最終処分場に埋め立てなければならない。

(2) 焼却処理では、容積は5～10％に減容化される。

(3) ごみ燃料化施設は、選別・乾燥技術を用いている。

(4) 粗大ごみ処理施設は、破砕・選別技術を用いている。

(5) 分別とは、収集や運搬、リサイクルや中間処理、最終処分が適正に行われるように、発生・排出元であらかじめ区分することである。

解答 1　　解説 一般廃棄物は管理型最終処分場で処分される。

廃棄物処理法

□目的

　廃棄物の排出を抑制し、及び廃棄物の適正な分別、保管、収集、運搬、再生、処分等の処理をし、並びに生活環境を清潔にすることにより、**生活環境の保全及び公衆衛生の向上**を図ること

□廃棄物の定義

　廃棄物：ごみ、汚泥、その他の汚物又は不要物で、固形状又は液状のもの（放射性物質で汚染された物を除く）

　産業廃棄物：事業活動に伴って生じた廃棄物

　一般廃棄物：産業廃棄物以外の廃棄物

□産業廃棄物の処理：**排出者責任**が原則

□廃棄物処理の委託

　一般廃棄物：**市町村長の許可**を受けた業者へ委託

　産業廃棄物：**都道府県知事の許可**を受けた業者へ委託

□し尿を含まない汚泥：**産業廃棄物**

□し尿を含む汚泥：**一般廃棄物**

□グリース阻集器の油分：**産業廃棄物**

□紙くず、木くず、繊維くず、生ごみ

　特定の業種（建設業・製造業など）の場合は、**産業廃棄物**

　特定の業種以外の場合は、**一般廃棄物**（事業系一般廃棄物）

□再生利用の目的となる廃棄物：**古紙、くず鉄、空きビン類、古繊維**

□建物内の診療所は、**診療所**が特別管理産業廃棄物管理責任者を置く

6

清掃

　　　　　　　　　　　　　　　　　　令和元年 問題 160

廃棄物の区分に関する次の記述のうち、最も不適当なものはどれか。

(1) 事業系一般廃棄物とは、事業活動に伴い発生する廃棄物のうち、産業廃棄物に該当しないものである。

(2) 粗大ごみのうち、スプリングマットレスは、適正処理困難物に該当する。

(3) 一般廃棄物のびんは、容器包装リサイクル法の対象物に該当する。

(4) 事業活動に伴い発生する廃棄物のうち、ゴムくずは、安定型品目の産業廃棄物の一つに該当する。

(5) 事業活動に伴い発生する廃棄物のうち、廃プラスチック類は、業種指定のある産業廃棄物に該当する。

解答 5

解説 業種指定のある廃棄物は、紙くず、木くず、繊維くず、生ごみである。

　　　　　　　　　　　　　　平成 30 年 問題 160　一部抜粋

産業廃棄物に関する次の記述のうち、最も不適当なものはどれか。

(1) 建築物内に診療所がある場合、建築物の所有者は特別管理産業廃棄物管理責任者を置かなければならない。

(2) 爆発性、毒性、感染性その他の人の健康又は生活環境に被害を生ずるおそれのあるものは、特別管理産業廃棄物として規定されている。

(5) 事業活動に伴って生じた廃棄物のうち、燃えがら、汚泥等20 種類が産業廃棄物として定められている。

解答 1

解説 診療所が特別管理産業廃棄物管理責任者を置かなければならない。

160 産業廃棄物管理票 （マニフェスト）

マニフェストとは

□排出事業者が産業廃棄物の移動・処理状況を把握するために 設けられている制度

マニフェストの流れ

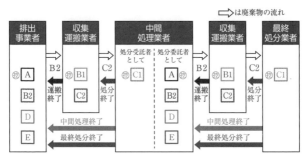

マニフェストの保存

区分		保存するマニフェスト伝票
排出事業者		A票、B2票、D票、E票
収集運搬業者		B1票、C2票
中間処理業者	処分受託者として	C1票
	処分委託者として	A票、B2票、D票、E票
最終処分業者		C1票

6

清掃

排出事業者の処分状況の確認

D票：依頼後90日を経過しても返却されない場合

E票：依頼後180日を経過しても返却されない場合

□電子マニフェスト：帳票は情報処理センターに保存され、排 出事業者は保存する必要がない

産業廃棄物の委託処理に関する次の記述のうち、最も不適当な
ものはどれか。

(1)　排出事業者は、電子マニフェストでも、A 票、B2 票、D
　　　票、E 票の保存が必要である。

(2)　収集運搬業者の選定に当たっては、排出場所と運搬先の
　　　両方の自治体の許可を取得していることを確認する。

(3)　処理業者との契約に当たっては、収集運搬業者と処分業
　　　者とそれぞれ契約を締結しなければならない。

(4)　処理業者の選定には、都道府県や環境省のホームページ
　　　等から選ぶ方法がある。

(5)　排出事業者は、廃棄物が最終処分まで適正に処理された
　　　ことを確認する義務がある。

解答 1

解説 電子マニフェストでは、情報処理センターに保存されるので、
排出事業者による各票の保存は要しない。

産業廃棄物管理票制度（マニフェスト制度）に関する次の記述
のうち、最も不適当なものはどれか。

(3)　紙マニフェストの場合、収集運搬業者は、作業が終了する
　　　と排出事業者に B2 票を返却する。

(4)　紙マニフェストの場合、最終処分場での処分が完了する
　　　と、収集運搬業者に E 票が返却される。

(5)　紙マニフェストの場合、排出事業者は、D 票が委託から
　　　90 日を経過しても返却されない場合、委託事業者に対して
　　　処分の状態を問い合わせる。

解答 4　　　**解説** E 票は中間処理業者、排出事業者に返却される。

関連法規

□循環型社会形成推進基本法

　循環的な利用とは、**再使用、再生利用及び熱回収**をいう

□食品循環資源の**再生利用**等の促進に関する法律（食品リサイクル法）

□容器包装に係る**分別収集**及び**再商品化**の促進等に関する法律（容器包装リサイクル法）

□特定家庭用機器**再商品化法**（家電リサイクル法）

　特定家庭用機器：エアコン、テレビ、冷蔵庫、洗濯機、乾燥機

□使用済小型電子機器等の**再資源化**の促進に関する法律（小型家電リサイクル法）

□特定有害廃棄物等の**輸出入**等の規制に関する法律（バーゼル法）

□建設工事に係る資材の**再資源化**等に関する法律（建設リサイクル法）

例題

令和元年 問題 158

循環型社会形成に関する次の記述のうち、最も不適当なものはどれか。

(1) 生産において、マテリアルリサイクルを進める。

(2) 消費、使用において、リデュースを進める。

(3) 廃棄において、リユースを進める。

(4) 処理において、サーマルリサイクルを進める。

(5) 最終処分において、天然資源の投入を進める。

解答 5

解説 処分は、石油などの天然資源をできるだけ投入しないで行う。

6

清掃

廃棄物計算

□容積質量値：廃棄物 1 m^3 の容量の質量 kg

単位は kg/m^3（ t は kg に変換して計算）

□例題 1

1 日当たり A [m^3]、B [日] で C [t] 排出される廃棄物の容積質量値 [kg/m^3] はいくらか

$$\frac{1000C}{B} \div A$$

□例題 2

厨芥が 1 日当たり A [m^3] 排出されている。厨芥は全廃棄物質量の B [%] を占める。全廃棄物質量は 1 日当たり C [t] であった。厨芥の容積質量値 [kg/m^3] はいくらか

$$\frac{1000C \times 0.01B}{A}$$

□例題 3

容積質量値 A [kg/m^3] の廃棄物が B [日] で C [t] 排出されている。1 日当たりの排出量 [m^3] はいくらか

$$\frac{1000C}{B} \div A$$

□例題 4

1 m^3 あたりの質量 A [kg] のごみを、B [L] の容器に収納できる質量 [kg] はいくらか

$$\frac{B}{1000} \times A$$

事務所建築物がら雑芥が1日当たり$5m^3$排出されており、その質量は全廃棄物量の50%を占めていた。いま、全廃棄物量の質量を1日当たり2.0トンとすれば、雑芥の容積質量値（kg/m^3）として正しいものは、次のうちどれか。

(1) $10kg/m^3$

(2) $20kg/m^3$

(3) $100kg/m^3$

(4) $200kg/m^3$

(5) $800kg/m^3$

解答 4

解説 前ページの例題2参照。

$$\frac{1000 \times 2\,[t] \times 0.01 \times 50\,[\%]}{5\,[m^3]} = 200\,[kg/m^3]$$

容積質量値$100kg/m^3$の廃棄物が、5日間で6t排出されている場合、1日当たりの排出量（容積）として、正しいものは次のうちどれか。

(1) $0.3m^3/$日

(2) $1.2m^3/$日

(3) $6.0m^3/$日

(4) $12.0m^3/$日

(5) $60.0m^3/$日

解答 4

解説 前ページの例題3参照。

$$\frac{1000 \times 6\,[t]}{5\,[日]} \div 100\,[kg/m^3]$$

$$= \frac{1000 \times 6}{5 \times 100} = \frac{6000}{500} = 12.0\,[m^3/日]$$

6

清掃

収集運搬用具

吸殻：ふた付きの**金属製容器**

紙くず：**キャンバス製コレクタ**

厨芥（厨房から出る食物くず）：ふた付きのポリバケツ、ステンレス製コレクタ

縦搬送方式の比較

方式	エレベータ方式	ダストシュート方式	自動縦搬送方式
概要	人手でエレベータに積載	廃棄物がシュート内を落下	分別梱包された廃棄物を搬送
初期コスト	◎	○	△
ランニングコスト	△	◎	○
衛生性	△	×	◎
作業性	×	△	◎
分別性	◎	×	◎
設置スペース	◎	○	△
用途	低層、中層、高層	低層、中層	中層〜超高層

凡例：◎優、○良、△可、×不可

例題

令和元年 問題163 一部抜粋

建築物内廃棄物に関する次の記述のうち、最も不適当なものはどれか。

(2) 厨芥とは、紙くずと雑芥を混合したものである。

(4) 吸殻の収集をするときは、金属製の蓋付き容器を使用する。

(5) 新築の建築物では、使用開始後一定期間が経過した時機に、廃棄物処理計画を見直す。

解答 2

解説 厨芥とは、厨房から出る食物くずである。

164 中間処理・保管

学習 /

廃棄物の種類と処理方法

廃棄物	処理方法
OA用紙・再生紙	圧縮、切断、梱包
段ボール・新聞紙・雑誌	梱包
廃棄紙類	圧縮、梱包
缶類	圧縮、破砕
ビン類	破砕
厨芥	冷蔵、粉砕、脱水、乾燥、堆肥化（コンポスト）
プラスチック類	圧縮、梱包、破砕、溶融固化

保管場所

□専用室、密閉構造、防虫・防鼠構造とし、出入り口には自動ドアを設ける

□床に勾配を設け、通路に段差を設けない

□第1種または第3種換気設備を設け、室内を負圧にする

□給水栓には、バキュームブレーカなどの逆流防止装置を設ける

□保管場所は、所有者・管理権原者が準備する。

□感染性廃棄物は、できるだけ短期間の保管とする。

6

清掃

例題

平成29年 問題163 一部抜粋

建築物内における廃棄物の種類とその中間処理方法との組合せとして、最も不適当なものは次のうちどれか。

(2) 新聞紙 ——————— 切断

(3) プラスチック ——— 圧縮

(5) 段ボール ————— 梱包

解答 2

解説 新聞紙は梱包による処理方法が適当である。

貯留・搬出方式の比較

方式	容器方式	貯留・排出機方式	コンパクタ・コンテナ方式	真空収集方式
貯留	容器内	貯留排出機内	コンテナ内	貯留排出機内
排出	人力	機械力	機械力	機械力
初期コスト	◎	○	△	×
衛生性	△	○	◎	◎
防災性	△	◎	◎	△
作業性	×	○	◎	◎
用途	小規模	中規模	大規模	広域大規模

凡例：◎優、○良、△可、×不可

例題

令和元年 問題165

建築物内廃棄物の貯留・搬出方式に関する次の記述のうち、最も不適当なものはどれか。

(1) コンパクタ・コンテナ方式は、容器方式より防災性に優れている。

(2) 真空収集方式は、容器方式より衛生的に優れている。

(3) 貯留・排出機方式は、真空収集方式より初期コストが少ない。

(4) 貯留・排出機方式は、コンパクタ・コンテナ方式より大規模建築物に適用される。

(5) コンパクタ・コンテナ方式は、容器方式よりランニングコストが少ない。

解答 4

解説 貯留・排出機方式より、コンパクタ・コンテナ方式のほうが、大規模建築物に適用される。

第 7 章

ねずみ、
昆虫等の防除

166 蚊

学習 /

蚊

- □アカイエカ：**日本全国**に分布している。**成虫**で越冬する。主に**夜間**に吸血
- □チカイエカ：狭い空間での**交尾**、**無吸血**産卵が可能。冬季に**休眠**せず**吸血**する。アカイエカと外部形態で区別できない
- □ヒトスジシマカ：吸血活動は、**夜間**よりも**昼間**のほうが盛んである
- □水田などの広い水域で発生：**コガタアカイエカ、シナハマダラカ**
- □空き缶、雨水ますなどの狭い水域で発生：**ヒトスジシマカ**
- □**幼虫**防除：浄化槽の浮遊粉剤処理など
- □**成虫**防除：**閉鎖**空間での樹脂蒸散剤など

例題

令和元年 問題166

蚊の生態に関する次の記述のうち、最も不適当なものはどれか。

(1) チカイエカは、九州から北海道まで分布する。
(2) 吸血せずに産卵する蚊が知られている。
(3) ウシやウマなど、大型動物を好んで吸血する種類がある。
(4) ヒトスジシマカは、雨水ますなどの小さな水域から発生する。
(5) アカイエカは、主として昼間に吸血する。

解答 5
解説 アカイエカは主に**夜間**に吸血する。

ゴキブリ

ゴキブリ

□ ゴキブリの生態

不完全変態。蛹の期間はない。成虫と幼虫の活動場所が同じ

卵の形態は卵鞘。フェロモンにより集合性を示す。夜間活動

性

□ チャバネゴキブリ

黒色の斑紋。ふ化～成虫の期間は約 60 日（25℃）。

雌成虫は 5 回産卵する。1 卵鞘内の卵は 30～40 個。ふ化

まで卵鞘を尾端に保持する

低温に弱く、屋外で越冬できない。室内居住性が高い

□ クロゴキブリ：本州以南の木造家屋によく見られる

□ ワモンゴキブリ：黄白色の斑紋。農村地帯の建築物によく見

られる

□ ヤマトゴキブリ：屋外生活性が強い

□ ゴキブリ指数：1 トラップ、1 日当たりの捕獲数

□ ゴキブリ指数の目標水準

許容水準：0.5 未満

警戒水準：0.5 以上 1 未満

措置水準：1 以上

□ 防除率＝

$$\frac{防除前のゴキブリ指数－防除後のゴキブリ指数}{防除前のゴキブリ指数} \times 100 [\%]$$

□ ローチスポット：ゴキブリの排泄物などによる汚れ

□ 残留処理：ゴキブリが徘徊する通路、壁面に薬剤処理

7

ねずみ、昆虫等の防除

例題 1

ゴキブリの生態に関する次の記述のうち、最も適当なものはどれか。

(1) チャバネゴキブリは、卵鞘を孵化直前まで尾端に保持し続けている。

(2) クロゴキブリは、昼行性で、夜間はほとんど活動しない。

(3) トビイロゴキブリは、孵化後間もない幼虫が、単独で生活する傾向が強い。

(4) ワモンゴキブリは、動物性の食品や汚物等を餌としない。

(5) ヤマトゴキブリは、幼虫、蛹を経て成虫となる。

解答 1

解説 (2) 夜行性である。(3) 集団で生活する。(4) 雑食性である。
(5) ゴキブリは蛹にならない。

例題 2

チャバネゴキブリに関する次の記述のうち、最も適当なものはどれか。

(1) 前胸背板に黄白色の輪状の斑紋がある。

(2) 孵化した幼虫が成虫になるまでの期間は、25℃で約半年である。

(3) 雌成虫は、卵鞘を孵化直前まで尾端に付着させている。

(4) 本州、四国、九州の木造家屋で多く見られる。

(5) 他のゴキブリ類と比較して、野外生活性が強い。

解答 3

解説 本文参照

168 ダニ

□ダニの生態

顎体部と胴体部からなる。成虫は4対、幼虫は3対の脚を もつ

□**ヒョウヒダニ**：ヒトのふけや垢を食べる。室内塵性ダニの優 占種

□**コナダニ**：室内塵性ダニ。乾燥に弱い

□**ツメダニ**：室内塵性ダニ。他のダニを食べる

□**ヒゼンダニ**：ヒトの皮下に内部寄生する

□**イエダニ**：**ネズミ**に寄生し、吸血する

□**ワクモ**：動物に**外部寄生**して**吸血**する

□**マダニ**：**動物から吸血する。雌雄とも幼虫、若虫、成虫の**す べての段階で動物から吸血する。ヒトには寄生しない

□殺虫剤感受性

室内塵性ダニは、殺虫剤感受性が低い。防除は、清掃、除塵、 温湿度管理が効果的

吸血ダニは、殺虫剤感受性が高い。殺虫剤で対処可能

□**タカラダニ**：春から夏に発生

例題

令和元年 問題169

ダニに関する次の記述のうち、最も適当なものはどれか。

(1) マダニ類には、ヒトの皮膚内に寄生する種類がある。

(2) ダニの体は、頭部、胸部、胴体部に分けることができる。

(3) ツメダニ類は、他のダニやチャタテムシ等を捕食するこ とが知られている。

(4) ワクモは、室内塵中の有機物を餌として発育する。

(5) イエダニは、野鳥に寄生し、吸血する。

解答 3

解説 本文参照

害虫

- □ハエ

  クロバエ：気温の低い時期に発生する大型のハエ

  ニクバエ：幼虫を産む**卵胎生**の大型のハエ

- □イエヒメアリ：**屋内**に巣を作る
- □ノミ：飢餓に**強い**。**成虫**が動物に寄生して吸血する。我が国ではネコノミの吸血被害が多い
- □トコジラミ：**夜間吸血性**。カメムシの仲間の昆虫
- □**コロモ**ジラミ：衣類に寄生
- □**アタマ**ジラミ：ヒトの頭に寄生
- □シバンムシ：乾燥食品や建築材料を食害
- □シバンムシアリガタバチ：シバンムシの**幼虫**に寄生するハチ。成虫は人を刺す
- □セアカゴケグモ：人を咬む毒グモ
- □チャタテムシ類：高温多湿で大発生する。**カビ**を食べる
- □ヒラタキクイムシ：家具などを加害する。**針葉樹材**を使用すると被害は発生しない

例題

令和元年 問題170

害虫に関する次の記述のうち、最も不適当なものはどれか。

(1) ニセケバエ類は、鉢植の肥料に用いられる油粕などから発生する。

(2) ネコノミは、イヌにも寄生する。

(3) ツマアカスズメバチは、特定外来生物に指定されている。

(4) シバンムシアリガタバチの成虫は、乾燥食品や建築材料を餌とする。

(5) トコジラミは、夜間吸血性である。

解答 4 　**解説** 乾燥食品や建築材料を食害するのは、シバンムシの成虫。

ネズミ

ネズミ

☐ クマネズミ

　都市部の大型建築物の優占種

　運動能力に優れ、垂直行動が得意

　植物性の餌を好む。警戒心が強い

☐ ドブネズミ

　動物性の餌を好む。獰猛で警戒心が弱い

　クマネズミより大きい

☐ ハツカネズミ

　畑地やその周辺にすみ、家屋に侵入する

☐ 高圧機器に接触し、停電の原因となる

☐ ラットサイン：ネズミの排泄物や足跡などの痕跡

☐ ラブサイン：ネズミの通り道のこすり跡

例題

令和元年 問題 173

ネズミの生態に関する次の記述のうち、最も不適当なものはどれか。

(1) ねずみ類は、多くの場合移動する経路が一定で、体の汚れが通路となる壁や配管に付着する。

(2) クマネズミは、動物質の餌を好む。

(3) ドブネズミの尾は、体長より短い。

(4) クマネズミは運動能力に優れ、ロープを伝わって船舶から上陸することができる。

(5) ドブネズミは泳ぎが得意なので、水洗便所の排水管を通って侵入することがある。

解答 2

解説 クマネズミは、植物性の餌を好む。

7

ねずみ、昆虫等の防除

171 害虫の発生場所

学習 /

害虫の発生場所

□ **ショウジョウバエ類**：生ごみなど
□ **チョウバエ類**：排水槽、浄化槽、下水処理場など
□ **ノミバエ類**：腐敗した**動物質**など
□ **カツオブシムシ類**：**乾燥**食品、**動物性**製品など
□ **シバンムシ類**：**乾燥**食品、**建築**材料など
□ **チャタテムシ類**：畳、**乾燥**食品など
□ **ノシメマダラメイガ**：**穀物**など

例題

平成 28 年 問題 171

ハエ類に関する次の記述のうち、最も不適当なものはどれか。

(1) イエバエの主要な発生源は、畜舎やゴミ処理場である。

(2) ニクバエ類は、卵ではなく幼虫を産む卵胎生のハエである。

(3) クロバエ類は、気温の低い時期に発生する大型のハエである。

(4) キンバエ類は、ハエ症の原因となる。

(5) ショウジョウバエ類は、浄化槽の表面に浮いているスカムから大量発生する。

解答 5

解説 ショウジョウバエ類は**生ごみ**から発生する。浄化槽からは**チョウバエ**類が発生する。

172 健康被害

健康被害

□ ネッタイシマカ、ヒトスジシマカ：デング熱、チクングニア熱、ジカウイルス感染症
□ コガタアカイエカ：日本脳炎
□ アカイエカ：フィラリア症
□ ハマダラカ類：マラリア
□ ユスリカ：アレルゲン
□ 多種の蚊類：ウエストナイル熱
□ マダニ類：ライム病、重症熱性血小板減少症候群（SFTS）、日本紅斑熱
□ ヒゼンダニ：疥癬
□ ヒョウヒダニ類：喘息などのアレルギー疾患
□ イエバエ：腸管出血性大腸菌（O157）感染症
□ コロモジラミ：発疹チフス
□ ネズミノミ：ペスト
□ ツツガムシ：つつが虫病
□ セアカゴケグモ：刺咬による神経系障害
□ ネズミ類：レプトスピラ症、サルモネラ症

例題

令和元年 問題176 一部抜粋

衛生害虫と疾病に関する次の記述のうち、最も不適当なものはどれか。

(2) ねずみ類は、レプトスピラ症の媒介動物である。

(3) コガタアカイエカは、ジカウイルス感染症を媒介する。

(4) アカイエカは、ウエストナイル熱を媒介する。

解答 3

解説 コガタアカイエカは日本脳炎を媒介する。

7

ねずみ、昆虫等の防除

殺虫剤 (以下、アイウエオ順)

□アミドフルメト：**屋内塵性ダニ**に有効な成分

□エトフェンプロックス：**ピレスロイド様化合物**

□昆虫成長制御剤（IGR）：**速効的な致死効果はない。成虫に対する致死効果はない**。昆虫、節足動物以外に影響が少**ない**

□ジクロルボス：**速効性が高く、残効性が低い**

□ジフルベンズロン：幼虫の脱皮を阻害する表皮形成阻害剤

□ダイアジノン：**有機リン剤**。多くの害虫に有効。マイクロカプセル剤が製造されている

□ディート：吸血昆虫対象の**忌避剤**成分

□ヒドラメチルノン：**ゴキブリ用食毒剤**。**遅効性**

□ピリプロキシフェン：**幼若**ホルモン様化合物。羽化を阻止する昆虫成長制御

□ピレスロイド剤：**速効性が高い。フラッシング（追い出し）**効果がある。魚毒性が高い。**除虫菊**に含まれる

□フェニトロチオン：**対称型有機リン剤。マイクロカプセル**製剤（**MC剤**）がある

□フェノトリン：**残**効性に優れる。シラミ用の人用シャンプーの有効成分

□フタルスリン：**ピレスロイド剤蚊取り線香**の薬剤。**ノックダウン**効果が高い

□ホウ酸：**ゴキブリ用食毒剤。遅効性**

□メトフルトリン：常温揮散でも効力を発揮

□有機リン剤：ノックダウンした虫が**蘇生せず死亡する**傾向が強い

令和元年 問題171 一部抜粋

下記の①～④の特徴をすべて有する殺虫剤は、次のうちどれか。

① 抵抗性を獲得した害虫集団の存在が知られている。

② 基礎的な効力は、IC_{50} 値により評価される。

③ 昆虫などの節足動物以外の生物に対する影響が少ない。

④ 成虫に対する致死効力はない。

(1) ピレスロイド剤

(2) 昆虫成長制御剤（IGR）

(3) 対称型有機リン剤

解答 2

解説 ②③④より昆虫成長制御剤（IGR）と判断される。

例題2

平成30年 問題172

殺虫剤やその剤型に関する次の記述のうち、最も不適当なものはどれか。

(1) 有機リン剤を有効成分とするマイクロカプセル（MC）剤がある。

(2) 乳剤は、水で希釈すると白濁（乳濁化）する。

(3) ピレスロイド剤によりノックダウンした虫は、蘇生する場合がある。

(4) フィプロニルを有効成分とするゴキブリ用の食毒剤がある。

(5) ジクロルボスは、残効性が高い殺虫剤である。

解答 5

解説 ジクロルボスの残効性は低い。

7

ねずみ、昆虫等の防除

殺鼠剤(さっそざい)

□第1世代の**抗凝血性殺鼠剤**
　遅効性。少量を4〜5日間摂取すると失血死
　クマリン系殺鼠剤（**ワルファリン、フマリン、クマテトラリル**など）

□殺鼠剤は、経口摂取で致死。経皮摂取で効果が発揮する殺鼠剤はない

□動物用医薬部外品である**ブロマジオロン**製剤は、建築物衛生法に基づく特定建築物内で使用**できない**

□リン化亜鉛：1回の摂取で致死

□ドブネズミに**抗凝血性殺鼠剤**に抵抗性を持つものが報告されている

例題

令和元年 問題174

ねずみ用の薬剤に関する次の記述のうち、最も不適当なものはどれか。

(1) ブロマジオロン製剤は、動物用医薬部外品として承認されている。

(2) ジフェチアロールは、第2世代の抗凝血性殺鼠剤(そ)である。

(3) 粉剤は、餌材料にまぶして、毒餌として利用することができる。

(4) リン化亜鉛は、致死させるために、複数回摂取させる必要がある。

(5) カプサイシンは、忌避剤で、かじり防止などの目的で使用される。

解答 4

解説 リン化亜鉛は速効性で、1回の摂取で致死する。

175 薬剤

薬剤

□油剤：煙霧機による煙霧処理に使用される

□粉剤：そのまま散布して使用する

□水で希釈して使用：乳剤、懸濁剤(けんだく)、水和剤

□樹脂蒸散剤：揮発性の高い有効成分を樹脂に含ませたもの。密閉空間のみ有効

□ULV（高濃度少量散布）に適した製剤：水性乳剤

□薬剤抵抗性の原理：同じ薬剤に繰り返し接触し数世代で獲得。ネズミ、昆虫で同じである

例題

平成24年 問題172

殺虫剤の剤型とその使用法や使用目的との組合せとして、最も不適当なものは次のうちどれか。

(1) 水和剤 ———— 残留処理

(2) 乳剤 ———— 煙霧処理

(3) 樹脂蒸散剤 ———— チョウバエ類対策

(4) 粒剤 ———— 蚊幼虫対策

(5) 食毒剤 ———— アリ類対策

解答 2

解説 煙霧処理には、油剤を使用する。

176 殺虫剤・殺鼠剤の毒性

殺虫剤・殺鼠剤の毒性

□LD50：50%致死薬量。50%の虫が致死する薬剤の量
[μg/匹]

□LC50：50%致死濃度。50%の虫が致死する薬剤の濃度
[ppm]

□KT50：50%ノックダウンタイム（50%仰転時間）。50%
の虫が仰転する所要時間。速効性の評価指標
致死効果を表すものではない

□IC50：50%阻害濃度。50%の虫が羽化阻害される薬剤の
濃度。昆虫成長制御剤（IGR）の評価指標

□上記の数値はいずれも数値が小さい方が、毒性が強い

□選択毒性
ヒトと害虫の間での毒性の違い
選択毒性が高い＝害虫には効くが、ヒトには効かない＝安全
性が高い

例題

令和元年 問題177 一部抜粋

殺虫剤・殺鼠剤に関する次の記述のうち、最も不適当なものは
どれか。

(1) 昆虫の変態等の生理的な変化に影響を与え、その他の生
物に影響が小さい薬剤が防除に利用されている。

(2) 有効成分の毒性と安全性は、医薬品、医療機器等の品質、
有効性及び安全性の確保等に関する法律によって定められ
た基準によりチェックされている。

(4) ある殺虫剤の毒性がヒト又は動物と昆虫の間であまり変
わらないことを、選択毒性が高いと表現する。

解答　4

解説　選択毒性が低いと表現する。

177 殺虫剤・殺鼠剤の安全性

殺虫剤・殺鼠剤の安全性

□殺虫剤や殺鼠剤のほとんどは、薬事法の普通薬である

□ADI：1日摂取許容量［mg/kg/day］

　ヒトが一生毎日取り込んでも安全な1日摂取許容量を、体重1kg当たりのmg量で表したもの

□NOAEL：最大無毒性量

　実験動物に長期間連続投与して、毒性が認められない薬量

□殺鼠剤

　選択毒性が低い。ヒトに対しても毒性を示す

　体重当たりの毒性：対ヒト＞対ネズミ

　体重当たりの毒性はヒトのほうが強いが、有効成分が低く抑えられていること、ヒトとネズミの体重差が大きいことから、人体への誤食の影響は少ない

□殺虫製剤は毒薬に該当する毒性値を示さない

□特定建築物内では農薬は使用できない

例題

平成28年 問題177　一部抜粋

殺虫・殺鼠剤の毒性や安全性に関する次の記述のうち、最も不適当なものはどれか。

(2)　薬剤のヒトや動物に対する安全性は、毒性の強弱、摂取量、摂取期間等によって決まる

(4)　殺鼠剤の多くは、選択毒性が低く、ヒトに対しても強い毒性を示す成分が多い。

(5)　殺虫製剤は、毒薬に該当する毒性値を示すものが多い。

解答　5

解説　殺虫製剤は毒薬に該当する毒性値を示さない。

7

ねずみ、昆虫等の防除

建築物環境衛生管理基準（ねずみ等の防除）

- □ ねずみ等の発生場所、生息場所及び侵入経路並びにねずみ等による被害の状況について統一的に調査を実施すること
  ⇒ 6 カ月以内ごとに 1 回
- □ 調査結果に基づき、ねずみ等の発生を防止するため必要な措置を講ずること
  ⇒ その都度
- □ 殺鼠剤又は殺虫剤は、**医薬品医療機器等法**の承認を受けた**医薬品**又は**医薬部外品**を用いること（動物用医薬部外品は使用不可）

調査法

- □ 粘着リボン法：ハエなどの飛翔昆虫
- □ 粘着**クリーナ法**：屋内塵性ダニ
- □ 粘着**トラップ法**：ゴキブリ、蚊の成虫
- □ ファン式ライトトラップ法：**蚊の成虫**
- □ 柄杓すくい取り法：**蚊の幼虫**
- □ 証跡調査法：**ネズミ**
- □ 性フェロモンを用いた誘引トラップ：**メイガ（蛾）**

作業管理

- □ 殺虫剤散布の事前通知：遅くとも散布の 3 日前までに通知
- □ 短絡や故障の原因になるので、配電盤に直接薬剤を散布しない
- □ 消防法で定める危険物に該当する油剤や乳剤で、**一定数量以上**を保管する場合は、少量危険物の届出が必要になる
- □ 殺虫剤散布時に中毒を起こした場合は、体温低下しないように保温する

例題1　　　　　　　　　　　　　　　　平成28年 問題178

殺虫剤の処理や保管に関する次の記述のうち、最も不適当なものはどれか。

(1) 建築物衛生法に基づく特定建築物内で、殺虫剤によるゴキブリ防除を行う場合、医薬品又は医薬部外品として承認された薬剤を使用しなければならない。

(2) 殺虫剤散布を行う場合は、散布前後3日間その旨を利用者に通知する。

(3) 殺虫剤散布時に中毒を起こした場合には、氷などによって体温を下げる。

(4) 乳剤や油剤を一定量以上保管する場合は、消防法に基づく少量危険物倉庫の届出が必要となる。

(5) 煙霧処理やULV処理によって、煙感知機が誤作動することがある。

解答 3

解説 殺虫剤散布時に中毒を起こした場合は、体温低下しないように保温する。

例題2　　　　　　　　　　　　　　　　平成24年 問題178

建築物内のネズミ及び害虫の調査法に関する次の組合せのうち、最も不適当なものはどれか。

(1) ハエ類の成虫 ――― 粘着リボン法

(2) ゴキブリ ――――― ファン式ライトトラップ法

(3) 屋内塵性ダニ ――― 粘着クリーナ法

(4) 蚊の幼虫 ―――――― 柄杓すくい取り法

(5) ネズミ ――――――― 証跡調査法

解答 2

解説 ゴキブリは、粘着トラップ法等で調整する。

防除

防除機器

□煙霧機の粒子径：0.1〜10μm
□噴霧機の粒子径：100〜400μm
□ミスト機の粒子径：20〜100μm
□ULV機：高濃度の薬剤を少量散布。粒子径は10μm程度。速効性
□電撃式殺虫機：短波長誘引ランプで誘引して、高電圧による電流で感電死

ネズミの防除

□ネズミの喫食性：**ドブ**ネズミの方が**クマ**ネズミよりも喫食性がよい
□ネズミの侵入を防ぐための格子の目の幅は1cm以下
□カプサイシン
　トウガラシの辛味成分。**ネズミ**に対するケーブルなどの**かじり防止の忌避剤**
　フラッシング（追い出し）効果は**ない**
□シクロヘキシミド：**味覚忌避**剤。フラッシング効果は**ない**

その他

□外壁の断熱性が**高い**と、越冬目的の昆虫の屋内侵入を**減らす**ことができる
□同じ薬剤を複数回使用すると、**抵抗性**を生じるので、**異なる薬剤**で対応する
□毒餌に殺虫剤を散布すると、喫食性が**低下**し、効果が**低く**なる
□**クレゾール**は、浄化微生物に悪影響を与えるので、**浄化槽に用いない**
□粘着トラップは警戒心を起こさせるので移動**しない**
□蚊、コバエの侵入防止できる網目：**20メッシュ以下**
□光源の色は昆虫の誘引性に関係**する**

令和元年 問題180

ねずみの建物侵入防止のための防鼠構造に関する次の記述のうち、最も不適当なものはどれか。

(1) 建物の土台である基礎は、地下60cm以上の深さまで入れる。

(2) 外壁には、ツタ等の植物を這わせたり、樹木の枝を接触させない。

(3) 床の通風口や換気口には、目の大きさ2cm以下の金網格子を設置する。

(4) 1階の窓の下端と地表との距離は、90cm以上離す。

(5) ドアの上部、側部、底部の隙間は、1cm以内とする。

解答 3

解説 本文参照

平成29年 問題176

ねずみの防除に関する次の記述のうち、最も不適当なものはどれか。

(1) 捕獲効果を上げるため、餌をつけたうえで数日間はトラップが作動しないようにするなどの工夫をする。

(2) 防鼠構造・工事基準案では、ドア周辺の隙間は2cm以内にすることとしている。

(3) 喫食性のよい餌を確認するため、毒餌配置前の2~3日間は何種類かの餌材で予備調査を行う。

(4) 目視により生息や活動の証跡を確認する調査方法がある。

(5) 防除においては、餌を絶つこと、巣材料を管理することなどが重要である。

解答 2

解説 ドア周辺の隙間は1cm以内にする。

7

ねずみ、昆虫等の防除

180 IPM

IPM

- IPM とは**総合**的有害生物管理のこと
- 建築物における衛生的環境の維持管理

    防除を行うに当たっては、**有効・適切**な技術を組み合わせながら、**人の健康**に対するリスクと環境への負荷を最小限にとどめるような方法で、総合的有害生物管理の考え方を取り入れた**防除体系**に基づき実施すること
- 防除は、発生**時**対策よりも発生**予防**対策（発生源対策・**侵入防止対策**）を重視する
- 実情は、発生**予防**対策が軽視されている
- 生息調査を行い、まずは発生**予防**対策を行う
- **ベクターコントロール**：**病原体**を媒介する害虫の防除
- 環境対策：**維持管理権原者**の下、**区域の管理**者が行う
- 生息調査：**目視調査**、**聞き取り**調査、**トラップ調査**を行う

令和元年 問題 178　一部抜粋

建築物衛生法に基づく特定建築物内のねずみ等の防除に関する次の記述のうち、最も適当なものはどれか。

(1) 環境的対策は、特定建築物維持管理権原者のもとで当該区域の管理者が日常的に行う。

(3) 調査は、目視調査や聞取り調査を重点的に行い、トラップ調査は実施しなくてよい。

(5) IPM に基づくねずみ等の防除では、定期的・統一的な薬剤処理を行う。

解答 1

解説（3）トラップ調査も状況により必要である。（5）定期的・統一的な防除を行う。

索引

数字／アルファベット

2 流体スプレー式 ……………………………… 94
AHMT 吸光光度法 …………………………… 108
BEMS ………………………………………… 126
BOD …………………………………………… 186
BOD 除去率 ………………………………… 190
BOD 容積負荷 …………………………… 148, 190
BRI …………………………………………… 62
CASBEE ……………………………………… 126
CFC …………………………………………… 62
CFU …………………………………………… 62
COD …………………………………………… 186
COP ……………………………………… 62, 126
cpm …………………………………………… 111
CT 値 ………………………………………… 150
DNPH 含浸チューブ -HPLC 法 …………… 108
ESCO ………………………………………… 126
HCFC 冷媒 …………………………………… 88
HEPA フィルタ ……………………………… 102
HFC 冷媒 …………………………………… 88
HID ランプ …………………………………… 114
IC50 ………………………………………… 242
IGR …………………………………………… 238
IPM …………………………………………… 248
JIS 照度基準 ………………………………… 47
KT50 ………………………………………… 242
LED …………………………………………… 46
LP ガス ……………………………………… 139
MRT ………………………………………… 62
O157 ………………………………………… 237
ODP …………………………………………… 62
PAL …………………………………………… 62
PCB …………………………………………… 52
pH ……………………………………… 13, 169
PMV ………………………………………… 34
SS …………………………………… 171, 186

SUS304 ……………………………………… 166
SUS444 ……………………………………… 166
Sv …………………………………………… 50
SVI …………………………………………… 189
TAC 温度 …………………………………… 82
Total VOC …………………………………… 108
TVOC …………………………………… 81, 108
UF 膜 ………………………………………… 171
ULV …………………………………… 241, 246
VAV ユニット ………………………………… 85
VDT 作業 …………………………………… 47
VOCs ………………………………………… 81
WBGT 基準値 ……………………………… 34
WBGT 指数 ………………………………… 34
WHO 憲章 …………………………………… 2
X 線回析分析法 …………………………… 108

あ

アウグスト乾湿計 …………………………… 107
亜鉛めっき鋼管 ……………………………… 159
悪臭 …………………………………………… 27
悪性リンパ腫 ………………………………… 50
アクティブ法 ………………………………… 108
アスベスト ………………… 37, 79, 108, 110
アスマン通風乾湿計 ………………………… 107
圧縮機 …………………………………… 87, 88
圧縮冷凍機 …………………………………… 88
アップライト型真空掃除機 ………………… 210
圧力水槽 ……………………………………… 153
圧力水槽方式 ………………………………… 153
圧力損失 ……………………………………… 68
アレルギー …………………………………… 36
アレルゲン ……………………………… 80, 237
泡消火設備 …………………………………… 141
安全色 ………………………………………… 48
暗騒音 ………………………………………… 118
硫黄酸化物 …………………………………… 79
イタイイタイ病 ……………………………… 52
一級建築士 ……………………………… 143, 144

一酸化炭素 …………… 11, 23, 27, 38, 41, 79
一般廃棄物 ……………………………… 217, 219
鋳鉄製ボイラ ……………………………………… 90
移動端 ………………………………………………… 135
飲料水の管理基準 ………………………………… 13
ウイルス ………………………………………… 77, 80
ウェア ……………………………………………… 172
ウエストナイル熱 ……………………………… 237
ウェットメンテナンス法 ……………………… 211
ウォーターハンマ ……………………………… 156
ウォールスルーユニット方式 ………………… 85
雨水処理設備 ……………………………………… 171
雨水排水設備 ……………………………………… 185
雨水排水ます ……………………………………… 174
渦巻きポンプ ………………………………… 104, 157
エアカーテン ……………………………………… 201
エアハンドリングユニット …… 85, 93, 105
エアフィルタ …………………………………… 93, 102
エアロゾル ………………………………………… 55, 77
エアワッシャ式 …………………………………… 94
衛生器具設備 ……………………………………… 180
エスカレータ ………………………………… 138, 199
エネルギー保存則 ………………………………… 68
エボラ出血熱 ……………………………………… 56
エライザ（ELISA）法 ………………………… 108
エリミネータ ……………………………………… 82
エレベータ火災管制 …………………………… 138
エレベータ地震管制 …………………………… 138
塩化ビニル系床材 ……………………………… 207
塩化ビニルタイル ……………………………… 204
演色評価数 ………………………………………… 113
遠心式送風機 ……………………………………… 98
遠心ポンプ ………………………………………… 157
塩素消毒 …………………………………………… 150
オイル阻集器 ……………………………………… 182
屋内消火栓設備 ………………………………… 193
汚水排水ます ……………………………………… 174
汚染室の換気 ……………………………………… 97
汚染物質濃度 ……………………………………… 110
オゾン ………………………………………………… 42, 79

オゾン層破壊係数 ………………………………… 62
汚泥容量指標 ……………………………………… 189
音の三要素 ………………………………………… 44
オフセット ………………………………………… 148
オリフィス ………………………………………… 109
オルファクトメータ法 ………………………… 108
音圧 ……………………………………………… 62, 118
音圧レベル ………………………………………… 120
音響透過損失 ……………………………………… 120
音色 ………………………………………………… 44
音声の周波数 ……………………………………… 44
温度勾配 …………………………………………… 63
温度差換気量 ……………………………………… 67
温度ヒューズ …………………………………… 100
温度分布 …………………………………………… 64
温熱源 ……………………………………………… 90
温熱指標 …………………………………………… 34

か

蚊 …………………………………………………… 230
カーペット材 ……………………………………… 204
カーペット洗浄用機材 ………………………… 208
カーペット床清掃 ……………………………… 212
カーペット用洗剤 ……………………………… 205
外気制御 …………………………………………… 123
外気取入量 ………………………………………… 123
外気負荷 …………………………………………… 83
改善命令 …………………………………………… 21
外装清掃 …………………………………………… 213
回転端 ……………………………………………… 135
開放型膨張水槽 ………………………………… 105
開放型冷却塔 ……………………………………… 92
界面活性剤 …………………………………… 205, 207
家屋じん ……………………………………………… 36
化学発光法 ………………………………………… 108
かさ高固着物 ………………………………… 202, 210
可視光線 …………………………………………… 49
カスケードポンプ ……………………………… 104
ガス設備 …………………………………………… 139

250

片持ち支持梁 ……………………… 135
片寄せコア ………………………… 129
可聴周波数 ………………………… 44
学校保健安全法 ………………… 3, 23
活性汚泥 …………………………… 148
活性汚泥法 ………………………… 187
家電リサイクル法 ………………… 223
カドミウム ………………………… 52
加熱器 ……………………………… 93
加熱コイル ………………………… 93
加熱脱着法 ………………………… 108
ガバナ ……………………………… 139
過敏性肺炎 ………………………… 37
かぶり厚さ ………………………… 145
花粉 ………………………………… 77
壁式構造 …………………………… 133
渦流ポンプ ………………………… 104
ガルバニ電池法 …………………… 108
簡易専用水道 ……………………… 151
肝炎 ………………………………… 54
換気回数 …………………………… 97
換気設備 …………………………… 97
乾球温度 …………… 34, 69, 73, 107
環境衛生 ………………………… 4, 7
環境基本法 ………………………… 27
換気量 ……………………………… 109
カンジダ症 ………………………… 54
感受性対策 ………………………… 56
還水方式 …………………………… 105
間接照明 …………………………… 114
完全混合 …………………………… 76
感染症 ……………………………… 54
感染症対策 ………………………… 56
感染症法 …………………………… 29
杆体細胞 …………………………… 46
管理
　給水の〜 ………………………… 15
　給湯設備の〜 …………………… 166
　雑用水の〜 ……………………… 15
　浄化槽の〜 ……………………… 189

排水通気設備の〜 ……………… 178
排水の〜 ………………………… 16
機械換気 …………………… 11, 74, 97
機械換気方式 ……………………… 74
気管支喘息 ………………………… 36
犠牲陽極 …………………………… 166
輝度 ………………… 46, 62, 113
揮発性有機化合物 ………… 81, 108
逆サイホン作用 …………………… 156
逆止弁 ……………………………… 105
逆流防止装置 ……………………… 227
キャビテーション ………………… 104
キャンバス製コレクタ …………… 226
給気口 ……………………………… 97
吸収冷凍機 ………………………… 88
吸水式真空掃除機 ………………… 210
給水設備 ……………………… 155, 157
給水の管理 ………………………… 15
給水配管 …………………………… 159
給水方式 …………………………… 153
吸着冷凍機 ………………………… 89
給湯加熱装置 ……………………… 164
給湯循環配管 ……………………… 168
給湯設備 …………………………… 163
　〜の管理 ………………………… 166
給湯の管理基準 …………………… 13
給湯配管 …………………………… 165
仰臥位 ……………………………… 32
狂犬病 ……………………………… 56
局所式（給湯設備）……………… 163
局所振動 …………………………… 45
気流 ………………………………… 67
金属火災 …………………………… 193
空気汚染物質 ……………………… 79
空気環境の基準 …………………… 11
空気環境物質 ……………………… 108
空気浄化装置 ………………… 74, 102
空気線図 …………………………… 70
空気伝搬音 ………………………… 118
空気熱源方式 ……………………… 87

空気齢 ································ 74
空調設備 ······························ 112
空調用配管 ·························· 105
グラスウールダクト ·············· 100
グリース阻集器 ············· 178, 182
クリーニング業法 ················ 24
クリプトスポリジウム ······· 53, 54
クリプトスポリジウム症 ········ 56
グレア ································· 46
グローブ温度計 ··········· 34, 107
クロスコネクション ·············· 155
軽量床衝撃音 ······················ 118
ゲージ圧力 ························· 148
下水道 ····························· 192
下水道法 ························· 3, 25
結核 ·························· 37, 54, 56
結合残留塩素 ······················ 13
結露 ···················· 73, 80, 96
ケミカルフィルタ ················ 74
煙感知器 ····················· 100, 141
嫌気ろ床槽 ························· 189
限外ろ過膜 ························· 171
健康増進法 ····················· 29, 38
健康被害 ··························· 237
建材 ······························· 204
減衰 ······························· 120
建築基準法 ············· 3, 5, 29, 143
建築図記号 ························· 131
建築物環境衛生維持管理要領 ······· 196
建築物環境衛生管理技術者 ········ 17
建築物環境衛生管理技術者免状 ···· 7
建築物環境衛生管理基準 ··· 4, 15, 196, 244
建築士法 ··························· 144
顕熱 ······························· 69
顕熱比 ····························· 69
顕熱負荷 ··························· 83
研磨剤入り洗剤 ··················· 213
コア ······························· 129
コインシデンス効果 ·············· 118
高圧ナトリウムランプ ············ 114

高圧ホース ························· 20
高温水配管 ························· 105
高輝度放電ランプ ················ 114
興行場法 ······················· 5, 24
公衆浴場法 ························· 24
甲状腺癌 ··························· 50
合成洗剤 ··························· 205
剛性率 ····························· 133
構造力学 ··························· 135
光束 ······················· 62, 113, 114
高速ダクト ························· 98
広帯域騒音 ························· 118
高置水槽方式 ······················ 153
光度 ··························· 62, 113
コージェネレーション ········· 82, 126
コーニス照明 ······················ 114
氷蓄熱用不凍液配管 ·············· 105
小型家電リサイクル法 ············ 223
ゴキブリ ··························· 231
ゴキブリ指数 ······················ 231
固体伝搬音 ························· 118
固定荷重 ··························· 135
個別空調方式 ······················ 87
コレラ菌 ························ 53, 56
混合損失 ··························· 82
昆虫成長抑制剤 ··················· 238

さ

サージング ························· 98
サーマルリサイクル ·············· 218
サーモスタット ··················· 123
細菌 ··························· 77, 110
採光量 ····························· 113
ザイデルの式 ······················ 76
彩度 ······························· 48
サイホン式 ························· 181
サイホン式トラップ ·············· 172
サイホンゼット式 ················ 181
サイホンボルテックス式 ·········· 181

サスティナブル ……………………… 126
殺鼠剤 ……………………………… 240
殺虫剤 ……………………………… 238
雑用水 ……………………………… 13, 169
　〜の管理 ………………………… 15
雑用水受水槽 ……………………… 169
雑用水設備 ………………………… 169
ザルツマン法 ……………………… 108
サルモネラ症 ……………………… 237
産業廃棄物管理票 ………………… 221
サンクンガーデン ………………… 126
酸性洗剤 …………………………… 205
酸素濃度 …………………………… 39, 178
次亜塩素酸 ………………………… 150
シーベルト ………………………… 50
シェル構造 ………………………… 133
紫外線 ……………………………… 49
紫外線吸収法 ……………………… 108
紫外線蛍光法 ……………………… 108
視覚 ………………………………… 46
色相 ………………………………… 48
仕切弁 ……………………………… 157
軸方向力 …………………………… 133
軸流式 ……………………………… 98
軸流吹出口 ………………………… 101
ジクロラミン ……………………… 150
地震力 ……………………………… 133
自然換気 …………………………… 74, 97
湿球温度 …………………………… 34, 69, 73, 107
シックビル症候群 ………………… 36
実効温度差 ………………………… 82
室内負荷 …………………………… 83
質量体積濃度 ……………………… 59
質量パーセント濃度 ……………… 59
質量比熱 …………………………… 136
自動制御 …………………………… 123
自動床洗浄機 ……………………… 210
し尿 ………………………………… 13, 169, 219
シバンムシアリガタバチ ………… 234
シバンムシ ………………………… 234, 236

ジフルベンズロン ………………… 238
事務所衛生基準規則 ……………… 30, 180
遮音性能 …………………………… 118
臭気 ………………………………… 110
収集運搬用具 ……………………… 226
修正有効温度 ……………………… 34
集団規定 …………………………… 144
自由噴流 …………………………… 67
周波数 ……………………………… 44
集落形成単位 ……………………… 62
重量床衝撃音 ……………………… 118
受水槽方式 ………………………… 153
受動喫煙防止 ……………………… 29, 38
主流煙 ……………………………… 38
循環型社会形成推進基本法 ……… 223
循環ポンプ ………………………… 165
消火設備 …………………………… 193
浄化槽 ……………………………… 187
　〜の管理 ………………………… 189
浄化槽管理者 ……………………… 25
浄化槽法 …………………………… 3, 25
蒸気圧縮冷凍機 …………………… 88
蒸気加湿 …………………………… 94
昇降機設備 ………………………… 143
ショウジョウバエ類 ……………… 236
証跡調査法 ………………………… 244
照度 ………………………………… 23, 30, 46, 116
消毒 ………………………………… 58
照度計算 …………………………… 116
小便器 ……………………………… 181
消防設備 …………………………… 141, 193
消防法 ……………………………… 3
照明 ………………………………… 24, 46, 113
照明器具 …………………………… 113
照明率 ……………………………… 113
食品衛生法 ………………………… 24
食品リサイクル法 ………………… 223
自律性体温調節 …………………… 32
真菌 ………………………………… 54, 80
真空式温水発生機 ………………… 90

真空掃除機	210
神経系疾患	32
人口動態統計	23
人体負荷	83
振動	27, 45, 104, 118
振動障害	45
振動の知覚	45
振動レベル	45
新有効温度	34
水管ボイラ	90
水銀ランプ	114
水系感染症	53
吸込口	101
水質汚濁防止法	3, 27, 192
水質基準	13, 52, 151
水質基準省令	13
水蒸気分圧	69
錐体細胞	46
垂直感染	55
水道施設	152
水道水	150
水道直結方式	153
水道法	3, 13, 25, 151
水分欠乏率	51
水平荷重	133
水溶液の密度	59
スカム	148
スクイジー法	213
筋かい	133
スチレン	81
ステンレス製コレクタ	226
ストリートキャニオン	126
ストレス耐性	32
砂阻集器	182
スパイラルダクト	100
スプリンクラ設備	193
スポットクリーニング	212
セアカゴケグモ	234
静圧	68, 98, 109
正圧	74, 97

生活衛生関係営業法	24
制震構造	133
成績係数	62, 89, 126
清掃	
エレベータ	215
貯水槽	161
トイレ	215
清掃作業	198, 215
清掃作業基準	198
生物化学的酸素要求量	186
生物処理法	171
生物膜法	187
赤外線	49
赤外線吸収法	108
積載荷重	135
赤痢アメーバ	53
赤痢菌	53
設計光束維持率	114
設計用全天空照度	113
接触ばっ気槽	189
絶対圧力	148
絶対温度	66
絶対湿度	69
全圧	98, 109
洗剤	205
洗剤供給式床みがき機	208, 210
洗浄ノズル	20
センターコア	129
せん断力	135
全窒素	186
全熱	69
全熱交換器	96
潜熱負荷	83
全面クリーニング	212
騒音測定	118
層間変形角	133
総揮発性有機化合物	81
送風機	83, 93, 98
相対湿度	69
ゾーニング	82

阻集器 ································· 9, 182
塑性 ·································· 133

た

ターミナルエアハンドリングユニット方式
··································· 85
第1種機械換気方式 ················· 74
第2種換気 ························· 97
第2種機械換気方式 ················· 74
第3種換気 ························· 97
第3種機械換気方式 ················· 74
ダイアジノン ················· 81, 238
耐アルカリ性 ······················ 204
大気圧式バキュームブレーカ ········· 160
大気汚染防止法 ················· 3, 27
代謝 ······························ 32
代謝量 ···························· 32
耐震壁 ···························· 145
大腸菌 ··········· 13, 15, 25, 52, 151, 169
体熱 ······························ 32
大便器 ···························· 181
ダイヤフラムポンプ ················· 104
ダイレクトリターン ················· 105
ダウンライト ······················ 114
多管式熱交換器 ···················· 95
ダクト ···························· 100
ダストクロス法 ···················· 202
ダストコントロール法 ··············· 202
ダストシュート ···················· 226
立入検査 ··················· 19, 21, 22
ダニ ····························· 233
ダニアレルゲン ················ 80, 110
たばこ ···························· 38
たばこ煙 ·························· 77
玉形弁 ···························· 157
単純支持形式 ····················· 135
弾性 ····························· 133
単体規定 ·························· 144
断熱材 ···················· 73, 81, 136

ダンパ ······················ 98, 133
地域保健法 ···················· 3, 23
地域冷暖房 ························ 91
地下駐車場の換気 ·················· 97
置換換気 ·························· 67
蓄熱槽 ···························· 91
チクングニア熱 ···················· 237
窒素酸化物 ···················· 79, 108
チャタテムシ ················· 234, 236
中央式（給湯設備） ················· 163
中間処理 ···················· 221, 227
昼光率 ···························· 113
中枢神経障害 ····················· 52
中皮腫 ···························· 37
厨房排水除害施設 ·················· 183
聴覚の周波数特性 ·················· 44
腸チフス菌 ························ 53
チョウバエ類 ······················ 236
長波長放射率 ····················· 66
帳簿 ······························ 9
聴力レベル測定 ···················· 44
貯水槽の清掃 ····················· 161
直結増圧方式 ····················· 153
沈殿槽 ···························· 189
通気設備 ·························· 176
つつが虫病 ························ 54
低圧蒸気配管 ····················· 105
定期清掃 ·························· 199
低級アミン ························ 207
ディップ ·························· 172
低ナトリウム血症 ·················· 34
定風量単一ダクト方式 ··············· 85
ディフューザポンプ ················· 104
ディベロップメント ················· 126
鉄筋コンクリート ·················· 145
鉄筋コンクリート構造 ··············· 146
鉄骨 ····························· 146
鉄骨構造 ·························· 146
デューディリジェンス ··············· 126
テラゾ ···························· 137

電気事業法 ……………………………………………… 3
電気集じん機 …………………………………………… 74
電気設備 ………………………………………………… 9
デング熱 ………………………………………… 56, 237
電磁波 …………………………………………………… 49
電離放射線 …………………………………………… 50
動圧 …………………………………………… 68, 109
等圧法 ……………………………………………… 100
透過損失 …………………………………… 62, 118
等速法 ……………………………………………… 100
特性曲線 …………………………………………… 98
特定悪臭物質 …………………………………… 27
特定建築物 ……………………………………… 5
　〜の届出 ……………………………………… 8
特定フロン …………………………………… 62
都市ガス ……………………………………… 139
トタン ………………………………………… 137
ドライメンテナンス法 …………………… 211
トラス構造 ………………………………… 133
ドラムトラップ …………………………… 172
トリクロロエチレン ……………………… 52
トリハロメタン …………………………… 151
トルエン …………………………………… 81, 110
トレーサガス減衰法 …………………… 109

日射遮へい係数 …………………………… 128
日射熱取得 ………………………………… 128
日本国憲法第 25 条 …………………………… 2
日本脳炎 ……………………………… 54, 56, 237
ネズミ ……………………………………… 235
ねずみ等の防除 ……………………………… 16
熱移動 ……………………………………… 63
熱感知器 …………………………………… 141
熱貫流抵抗 ………………………………… 64
熱橋 ………………………………………… 73
熱けいれん ………………………………… 34
熱交換器 …………………………………… 95
熱水分比 …………………………………… 69
熱性能 ……………………………………… 136
熱抵抗率 ……………………………… 62, 63
熱伝達率 ……………………………… 62, 64
熱放射 ………………………………… 34, 66, 107
熱流 ………………………………………… 64
年間熱負荷係数 ……………………………… 62
粘着クリーナ法 …………………………… 244
粘着トラップ法 …………………………… 244
粘着リボン法 ……………………………… 244
ノミ ………………………………………… 234
ノロウイルス ……………………………… 53

な

内視鏡 ……………………………………… 20
内部結露 …………………………………… 73
二位置制御 ………………………………… 123
逃がし通気管 ……………………………… 148
二級建築士 …………………………… 143, 144
二酸化硫黄 ……………………………… 27, 43
二酸化炭素 ……………………………… 40, 79
二酸化窒素 …………………………… 23, 27, 79
二重ダクト方式 …………………………… 85
二重トラップ …………………………… 148, 172
日常清掃 …………………………………… 199
日射 ………………………………………… 128
日射吸収率 ………………………………… 66

は

バーゼル法 ………………………………… 223
排煙設備 …………………………………… 141
バイオフィルム …………………………… 148
媒介動物 …………………………………… 56
廃棄物計算 ………………………………… 224
廃棄物処理法 ……………………………… 219
廃棄物統計 ………………………………… 217
排水受け …………………………………… 15
排水再利用施設 …………………………… 171
排水設備 ……………………………… 25, 174
排水槽 ……………………………………… 184
排水通気設備 ……………………………… 178
排水トラップ ……………………………… 172

排水の管理 ································ 15
排水ポンプ ······························ 184
梅毒 ···································· 56
バイパス空気 ···························· 82
バイパスファクタ ························ 82
ハイブリッド換気 ························ 97
バイメタル ······························ 123
ハウスダスト ···························· 36
パウダー方式 ···························· 212
ハエ ···································· 234
バキュームブレーカ ······················ 227
白癬症 ·································· 54
白熱電球 ································ 113
剥離剤 ·································· 207
歯車ポンプ ······························ 104
バタフライ弁 ···························· 157
ばっ気 ·································· 184
ばっ気槽 ································ 189
ばっ気槽混合液浮遊物質濃度 ············ 148
パッケージ型空気調和機 ·················· 87
発光効率 ································ 113
パッシブ法 ······························ 108
発疹チフス ······························ 54
パラジクロロベンゼン ······················ 81
パラチフス菌 ···························· 53
バルキング ······························ 148
ハロゲン電球 ···························· 114
ヒートパイプ ···························· 95
ヒートポンプ式冷暖房兼用機 ·············· 87
ピエゾバランス粉じん計 ·················· 111
比エンタルピー ·························· 69
光化学オキシダント ··················· 27, 42
光環境 ·······························46, 113
光散乱径 ································ 77
光散乱式 ································ 111
光散乱粉じん計 ·························· 111
非サイホン式トラップ ···················· 172
柄杓すくい取り法 ························ 244
非常用エレベーター ······················ 138
微生物 ·································· 80

ヒ素 ···································· 52
必要換気量 ···························40, 74
ピトー管 ································ 109
避難計画 ································ 142
避難経路 ································ 142
泌尿器系疾患 ···························· 32
皮膚癌 ·································· 50
飛沫核感染 ······························ 37
ヒューズガス栓 ·························· 139
ヒューミディスタット ···················· 123
病原体 ·································· 54
美容師法 ································ 24
ヒョウヒダニ ···························· 80
ヒラタキクイムシ ························ 234
ピリプロキシフェン ······················ 238
ビルエネルギー管理システム ·············· 126
ビル関連病 ······························ 62
ビルクリーニング 5 原則 ·················· 200
比例制御 ································ 123
ピレスロイド剤 ·························· 238
ピレスロイド様化合物 ···················· 238
負圧 ·································74, 162
ファン ·································· 98
ファンコイルユニット ·················85, 105
フィードバック ·······················32, 200
フィラリア症 ···························· 237
風圧係数 ································ 74
風速計 ·································· 107
風量 ···································· 109
フェノトリン ···························· 238
不快指数 ································ 34
不活性ガス ······························ 141
不活性ガス消火設備 ······················ 193
吹出口 ·································· 101
拭き取り方式 ···························· 212
副流煙 ·································· 38
ふく流吹出口 ···························· 101
フューム ································ 79
ブラケット ······························ 114
プラスタ阻集器 ·························· 182

フラッシュオーバ	142
ブランチ間隔	148
フリーアクセスフロア	129
ブリキ	137
フタルスリン	238
プレート式熱交換器	95
プレートフィン式熱交換器	93
フレキシブル継手	157
プレストレストコンクリート	133
ブロア	98
フロアオイル	206
フロアシーラ	206
フロアポリッシュ	206, 211
粉じん	111
粉じん計	11
粉末消火設備	193
噴霧機	246
噴流の到達距離	67
ペアダクト方式	85
平均基礎代謝量	32
平均照度	116
平均放射温度	62
平均面照度	116
ベクターコントロール	248
ペスト	56, 237
べた基礎	133
ヘモグロビン親和性	41
ペリメータゾーン	85
ベルヌーイの定理	68, 109
ベンゼン	81
返湯温度	165
変風量単一ダクト方式	85
ボイラ室の換気	97
防煙ダンパ	100
防火ダンパ	100
ホウ酸	238
放射	33, 83
放射冷暖房方式	85
防除機器	246
防振	118

防錆剤	162
法線照度	116
放流水	189
飽和空気	70
飽和状態	69
飽和水蒸気分圧	69
ボール弁	157
保健所の業務	4
炎感知器	141
ポリ塩化ビフェニル	52
ポリオウイルス	53
ホルムアルデヒド	81
ポンプ	104
ポンプ直送方式	153, 162

ま

マイクロ波	49
マイコンメーター	139
マグニチュード	126
膜分離活性炭処理法	171
曲げモーメント	135
摩擦損失	165
麻しん	54, 56
末梢神経障害	45
マテリアルリサイクル	218
窓ガラス清掃	213
マニフェスト	221
マノメータ	109
まぶしさ	46
マラリア	54, 56, 237
慢性閉塞性肺疾患	38
水受け容器	180
水加湿	94
水熱源ヒートポンプ方式	87
水熱源方式	87
密閉型冷却塔	92
水俣病	52
明度	48
メカニカル式	174

滅菌 ······················· 58
メトフルトリン ··········· 238
目止め剤 ·················· 206
免疫グロブリン ············ 36
免震構造 ·················· 133
毛髪阻集器 ················ 182
モノクロラミン ··········· 150
モリエル（モリエ）線図 ···· 82
モルタル ·················· 137

や

薬液消毒剤 ················· 58
薬剤 ······················ 241
誘引ユニット ··············· 82
有機水銀 ··················· 52
有効温度 ··················· 34
遊離残留塩素 ··········· 13, 150
床維持剤 ·················· 206
床吹き出し空調方式 ········· 85
床みがき機 ················ 208
溶液導電率法 ·············· 108
容器包装リサイクル法 ······ 223
溶存酸素濃度 ·············· 189
容積比熱 ·················· 136
予測平均温冷感申告 ········· 34
予防清掃 ·················· 201

ら

ラーメン構造 ·············· 133
ライフサイクル ············ 126
ライフライン ·············· 142
ラウドネス ················· 62
ラットサイン ·············· 235
ラドン ····················· 79
ラドンガス ················· 79
リノベーション ············ 126
リバースリターン ·········· 105
粒径 ······················· 77

流体工学 ··················· 68
流電陽極式 ················ 166
理容師法 ··················· 24
旅館業法 ··················· 24
臨時清掃 ·················· 199
冷温水管 ·················· 105
冷温水配管 ················ 105
冷却コイル ················· 93
冷却塔 ············· 15, 55, 88, 92
冷却水配管 ················ 105
冷水配管 ·················· 105
冷凍機 ·········· 88, 112, 123, 126
冷凍サイクル ············ 82, 88
レイノルズ数 ··············· 68
冷媒管 ···················· 105
レーザー光線 ··············· 49
レジオネラ菌 ·············· 166
レジオネラ症 ············· 54, 55
レプトスピラ症 ············ 237
連結散水設備 ·············· 141
連結送水管 ················ 193
連続フーチング基礎 ········ 133
レンタブル比 ·············· 129
労働安全衛生法 ········· 3, 30, 90
労働災害防止 ··············· 30
六面点検 ·················· 160
露点温度 ··················· 69
炉筒煙管ボイラ ············· 90

わ

わんトラップ ·············· 172

●著者プロフィール

石原 鉄郎（いしはら てつろう）

電験、施工管理技士、電気工事士などの技術系国家試験の指導講師。講習会の指導講師のほかに通信教育の添削指導講師も勤める。ビル管理士のほか、エネルギー管理士、建築設備士、消防設備士など技術系国家資格を 20 種類以上もつ。著書に『工学教科書 エネルギー管理士 熱分野 出るとこだけ！』（翔泳社）、『ポケット版 1 級管工事施工 学科試験問題解説』（オーム社）、『これ 1 冊で電験三種［理論］に合格する本』（日本能率協会マネジメントセンター）、『丸覚え！ 電験三種公式・用語・法規の超重要ポイント』（共著、ナツメ社）などがある。

装丁　小口 翔平＋岩永 香穂＋三沢 稜（tobufune）
DTP　株式会社シンクス

建築土木教科書

ビル管理士 出るとこだけ！ 第2版

2017 年 1 月 31 日	初　版	第 1 刷発行	
2020 年 5 月 19 日	第 2 版	第 1 刷発行	
2022 年 4 月 25 日	第 2 版	第 2 刷発行	

著　者	石原 鉄郎（いしはら てつろう）
発行人	佐々木 幹夫
発行所	株式会社 翔泳社（https://www.shoeisha.co.jp）
印　刷	昭和情報プロセス株式会社
製　本	株式会社 国宝社

ISBN978-4-7981-6579-0　　　　　　　　　　　　Printed in Japan